中南大学精品教材立项项目

U0669032

College

Students

Physical

Training

大学生

体能训练

史蒂坚　胡琰茹　主编

中南大学出版社
www.csupress.com.cn
长沙

图书在版编目（CIP）数据

大学生体能训练／史蒂坚，胡琰茹主编. —长沙：
中南大学出版社，2019.12
ISBN 978 – 7 – 5487 – 3853 – 4

Ⅰ.①大… Ⅱ.①史… ②胡… Ⅲ.①大学生—体能
—身体训练 Ⅳ.①G808.14

中国版本图书馆 CIP 数据核字（2019）第 273718 号

大学生体能训练
DAXUESHENG TINENG XUNLIAN

主编　史蒂坚　胡琰茹

□责任编辑	唐天赋
□责任印制	易红卫
□出版发行	中南大学出版社
	社址：长沙市麓山南路　　　邮编：410083
	发行科电话：0731 – 88876770　传真：0731 – 88710482
□印　　装	湖南省众鑫印务有限公司

□开　　本	787 mm × 1092 mm　1/16　□印张 13.5　□字数 350 千字
□版　　次	2019 年 12 月第 1 版　□2019 年 12 月第 1 次印刷
□书　　号	ISBN 978 – 7 – 5487 – 3853 – 4
□定　　价	68.00 元

图书出现印装问题，请与经销商调换

目 录
CONTENTS

第一部分

大学生体能训练理论篇

第一章

体能训练的解剖学基础

体能训练是一种独特的运动形式，是在人体正常生理活动功能的基础上，通过主动改变人体的内外部负荷，对人体的各个结构和功能进行改造，从而不断提高人体对运动训练的适应能力。

与体能训练直接相关的系统包括：运动系统、神经系统、内分泌系统、循环系统和呼吸系统。体能训练的效果是人体多个系统综合适应的结果。

一、运动系统的解剖学基础

人体的运动系统由骨、骨连接和骨骼肌组成。骨借助骨连接相连构成人体的支架骨骼，形成了人体的基本轮廓。骨骼肌附着于骨上，在神经系统的支配下进行收缩与舒张，牵引骨并改变骨的位置和关节的角度，从而产生运动。可见，在运动过程中，骨起着杠杆的作用，关节为运动的枢纽，骨骼肌则是运动的动力器官。其中，骨骼肌是运动的主动部分，而骨和关节是运动的被动部分。

（一）骨的构造与功能

1. 骨的构造

骨有 5 种形态。长骨（股骨和肱骨）是决定人类身高和四肢长度的重要因素。短骨（手的腕骨和足的跗骨）常见于活动灵活的部位。扁骨（肋骨、肩胛骨、颅骨和胸骨）起着特别重要的保护作用。不规则骨（椎骨）形状独特，具有多种功能。籽骨（膝盖骨）为髋关节肌肉提供有利的收缩条件。

骨由骨膜、骨质和骨髓以及血管、神经等构成，其中，骨质是骨的主要组成部分（图 1 - 1）。

（1）骨膜

骨膜由结缔组织构成，分为骨外膜和骨内膜。其中骨外膜覆盖于除关节面以外的骨的外表面，含有丰富的神经、血管和淋巴管，对骨的营养、再生和感觉等具有重要作用。骨外膜和骨内膜中还含有成骨细胞和破骨细胞，具有产生新骨质、吸收和破坏旧骨质以及重塑骨的功能，参与骨的生长、改建和修复等过程。

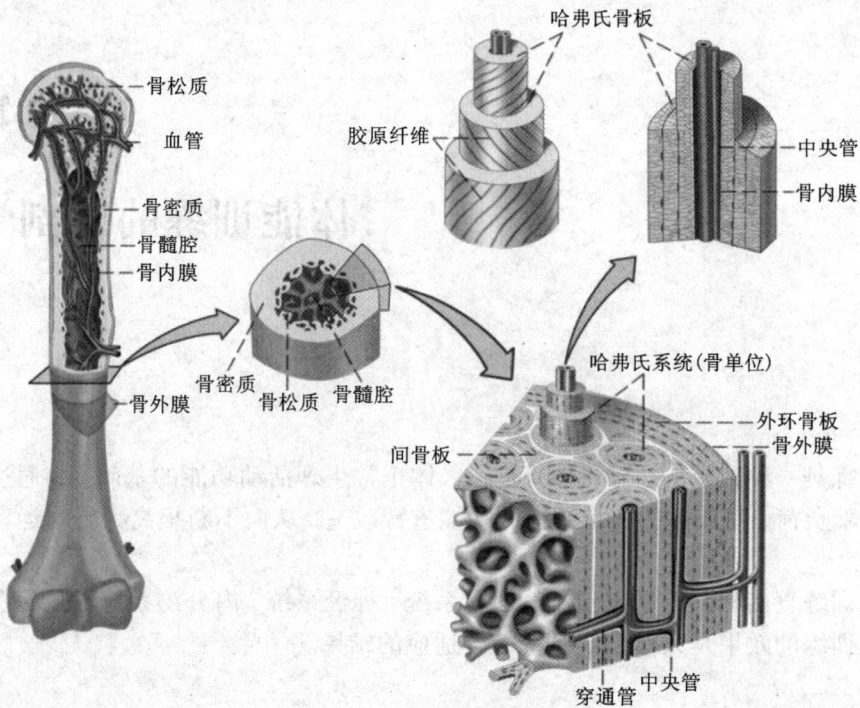

图 1 - 1　骨的构造

（2）骨质

骨质由骨组织构成，分为骨松质和骨密质。

骨松质分布于长骨的两端以及其他骨的内部，由许多针状或片状的骨小梁交织而成。骨小梁的排列与骨所受的压（重）力和肌肉牵拉的张力相适应，并且可随压力和张力的变化改变。骨松质的这种结构，既坚固又减轻了骨的重量，骨小梁之间的网眼还成为红骨髓的分布区。

骨密质分布于全身各骨的外表面，质地致密，由紧密又排列规则的骨板构成。各层骨板中纤维的排列方向不同，相邻两层的纤维呈交叉状，因而具有较强的抗压、抗弯、抗拉伸和抗扭转等力学性能。

（3）骨髓

骨髓填充于骨髓腔和骨松质的间隙内，分为红骨髓和黄骨髓，其中红骨髓具有造血功能。

2. 骨的功能

骨是一种主要由骨组织构成的，具有一定的形态、结构和功能的器官。每块活体骨都是一个有生命的器官，含有丰富的血管、淋巴管及神经，不断地进行着新陈代谢，具有生长、修复、再生和重塑等能力。经常锻炼可促进骨的良好发育，长期废用则出现骨质疏松。

骨具有支持体重、保护脏器、储存钙磷并参与体内钙磷代谢以及造血等功能。此外，骨为肌肉提供附着点，在人的各种运动中起重要的杠杆作用。

（二）关节的构造与功能

关节是人体骨连接的主要形式，多见于四肢，以适应肢体灵活多样的活动，为骨杠杆的运动提供支点。

1. 关节的构造

关节可分为主要结构和辅助结构两部分（图1－2）。主要结构包括关节面、关节囊和关节腔；辅助结构包括韧带、关节内软骨和关节唇等。

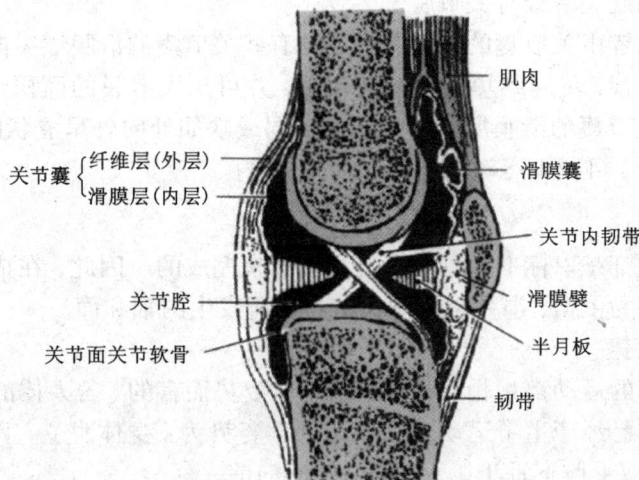

图1－2 关节构造的模式图

（1）关节的主要结构

关节的主要结构是每个关节都必须具备的结构，又称关节三要素，包括关节面、关节囊和关节腔。

关节面是指参与组成关节的各相关骨的接触面。一般多为一凸一凹，凸者为关节头，凹者为关节窝。所有的关节面上均覆盖一层软骨，即关节软骨。关节软骨大多数为透明软骨，少数为纤维软骨。关节软骨具有减少摩擦、保护关节面，以及减轻冲击、吸收震荡等作用。

关节囊由附着于关节周缘骨面上的结缔组织膜囊构成，连接封闭关节腔。从结构上可分为内外两层。外层为纤维层，内层为滑膜层。纤维层由致密结缔组织构成，厚而坚硬，具有连接和加固关节的作用，并保持关节的完整性。滑膜层是薄薄的疏松结缔组织膜，光滑而柔润，紧贴纤维层内面，附着于关节面软骨周缘。滑膜层富有血管，可分泌滑液，以润滑关节面，具有减少摩擦和营养关节面软骨的作用。

关节腔为关节囊滑膜层与关节面共同围成的密闭腔隙。腔内呈负压，使关节面相贴，对维持关节的稳定性有一定的作用。

（2）关节的辅助结构

除了具备上述主要结构外，某些关节为适应其特殊功能而分化出一些结构，以增加关节的灵活性或稳固性，这些结构统称为关节的辅助结构。

韧带位于关节周围或关节腔内，连于相邻两骨之间，由致密结缔组织构成。大多数韧带位于关节囊外面，如膝关节的胫侧副韧带等；也有少数韧带存在于关节囊内，如膝关节的交叉韧带。韧带有连接加固关节、限制关节运动的作用。

关节腔内的软骨称为关节内软骨。关节内软骨由纤维软骨构成，有两种形状，一种为圆盘形称关节盘，另一种为月牙形称半月板。关节盘和半月板均可加深关节窝，使两骨关节面彼此相互适应，减少外力对关节的冲击和震荡，还可改变关节的运动形式，增大关节的运动范围。

关节唇为附着于关节窝周缘的纤维软骨环，有增大关节面，加深关节窝，使关节更加稳固的作用。肩关节和髋关节皆有关节唇。

滑膜襞和滑膜囊皆由关节囊的滑膜层形成。有些关节囊的滑膜层突向关节腔而形成滑膜襞，其内含脂肪和血管，可起到填充及调节作用，并可扩大滑膜的面积，有利于滑膜的分泌和吸收作用。有时关节囊的滑膜层从纤维层的薄弱或缺如处向外呈囊状膨出，称滑膜囊，其多位于骨与肌腱之间，可减少运动时与骨面之间的摩擦。

2. 关节的运动

人体的一切运动都是以标准解剖学姿势为基准来完成的。因此，在描述关节的运动时必须以标准解剖学姿势为依据，清楚地说明关节运动所发生的轴和面。

（1）标准解剖学姿势

人体中任何关节的运动都是相对于标准解剖学姿势而言的，若人体的位置不同于标准解剖学姿势就说明人体已经产生了运动。标准解剖学姿势为：身体直立，两眼平视正前方，两足并拢，足尖向前，双上肢下垂于躯干两侧，掌心向前。

（2）人体的基本轴和基本面

基本轴和基本面是描述关节运动时常用的术语。

人体的三个基本面包括额状面、矢状面和水平面。额状面是按左右方向，将人体分成前后两部分的纵切面，亦称冠状面。矢状面是按前后方向，将人体分成左右两部分的纵切面，通过人体正中线的矢状面为正中矢状面。水平面是与地面平行，将人体分成上下两部分的切面。在不同方位的运动中，水平面就是人体各部分的横切面。

人体的三个基本轴包括额状轴、矢状轴和垂直轴。额状轴也称冠状轴，是左右方向与水平面平行，垂直通过矢状面的轴；矢状轴是前后方向与水平面平行，垂直通过额状面的轴；垂直轴是上下方向垂直于水平面，与人体长轴平行的轴。在不同方位的运动中，垂直轴就是人体各环节自身的长轴。

（3）关节的运动形式

能绕关节运动的人体的一部分或肢体的一部分称为运动环节，简称环节。关节的各种运动都是环节绕着关节的三个互相垂直的基本轴进行的转动。关节的运动与关节面的形状关系密切，后者决定了关节运动轴的数目和位置，进而决定了关节的运动形式和范围。根据关节运动轴的不同方位，关节运动的基本形式有以下几种（图1-3）。

屈和伸：运动环节在矢状面内绕额状轴的运动，向前运动为屈，向后运动为伸。但膝关节及其以下关节向后运动为屈，向前运动为伸。在此需要指出，对于类似单杠引体向上动作中手的握法的描述非常混乱。正确的描述是，基于标准解剖学姿势，手掌朝后、前臂桡尺骨平行的握法为正握；手掌朝前、前臂桡尺骨发生了旋内运动的握法为反握。

外展和内收：运动环节在额状面内绕矢状轴的运动。运动时，运动环节离开正中线的运动为外展，反之为内收。头和脊柱则为左、右侧屈。

回旋：运动环节绕垂直轴或自身的长轴进行的旋转。运动时整块骨的运动轨迹呈圆柱形。运动环节由前面向内侧旋转称旋内；反之为旋外。头和脊柱则为左、右回旋。

环转：运动环节以近侧端为支点，绕额状轴、矢状轴以及它们之间的中间轴进行的连续的圆周运动。凡是具有额状轴和矢状轴的关节均可做环转运动，所以环转是一种复合性运动。

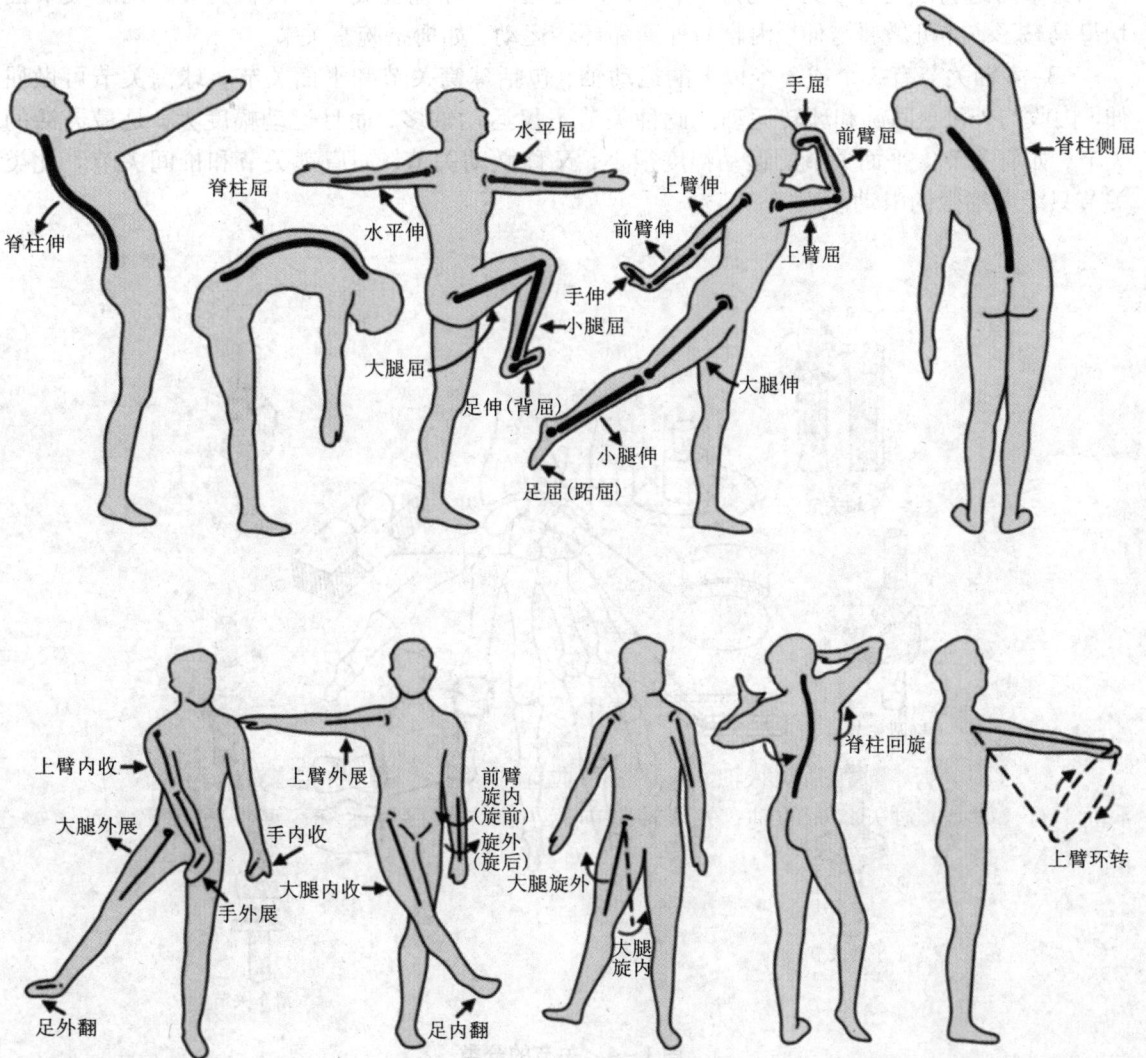

图 1-3　关节的运动

3. 关节的分类

关节能够进行哪一种运动主要是由构成关节的骨面的形状决定的。因而在实际运动训练和健身中，最常用的关节分类方法是按照关节面的形状和运动轴的数量来划分的(图1-4)。

(1)单轴关节只能绕一个运动轴在一个平面内运动，包括滑车关节和圆柱关节两种。滑车(屈戌)关节可绕额状轴做屈伸运动，如肱尺关节。圆柱(车轴)关节可绕垂直轴或自身的长轴做回旋运动，如桡尺近侧关节。

(2)双轴关节可绕两个运动轴在两个相互垂直的平面内运动，包括椭圆关节和鞍状关节。椭圆关节可进行屈与伸、内收与外展，以及环转运动，如桡腕关节。鞍状关节的两骨关节面均呈马鞍形，亦可做屈与伸、内收与外展和环转运动，如拇指腕掌关节。

(3)多轴关节有3个或3个以上的运动轴，包括球窝关节和平面关节。球窝关节可做屈伸、内收与外展、回旋和环转运动。此种关节不仅运动轴多，而且运动幅度大，是最灵活的关节，如肩关节。平面关节的运动幅度很小，又称微动关节，如肩锁关节和椎间关节。此类关节只能做细微的滑动。

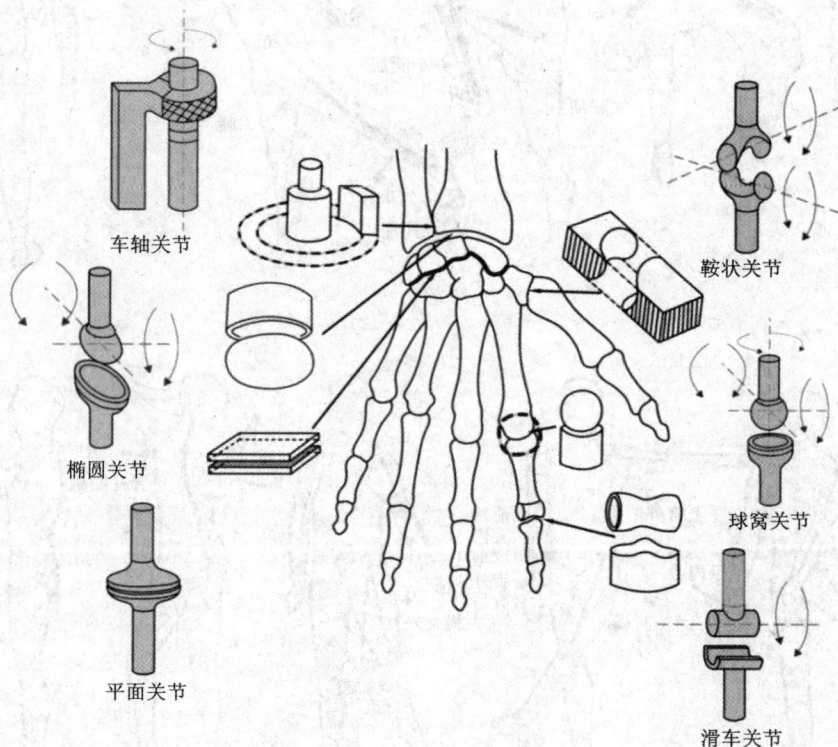

车轴关节　鞍状关节　椭圆关节　球窝关节　平面关节　滑车关节

图1-4　关节的分类

4. 影响关节运动幅度的因素

关节运动幅度指一个动作从开始到结束，在某一关节处两个运动环节之间运动的极限范围(用角度表示)。关节运动幅度的大小决定了柔韧素质的好坏，其与关节的灵活性和稳固性有关。一般来说，关节的灵活性好则稳定性差，稳固性好则灵活性差。各个关节的灵活性与稳固性主要受其本身结构和周围结构共同制约。影响关节运动幅度的因素包括以下几点。

（1）关节面面积大小的差别。两个关节面面积大小差别越大，关节运动幅度就越大，如肩关节。反之，关节运动幅度就小，如髋关节。

（2）关节囊的厚薄与松紧度。关节囊薄而松弛，关节运动幅度就大。反之，关节运动幅度就小。

（3）关节周围韧带的多少与强弱。关节韧带多而强，关节稳固性就好，但关节运动幅度小。反之，关节运动幅度就大。

（4）关节周围的骨结构。关节周围的骨性突起小，关节运动幅度就大。反之，关节运动幅度就小。

（5）关节周围肌肉的伸展性和弹性。肌肉的伸展性和弹性越大，关节运动幅度就大；肌肉收缩力越强，关节就越稳固。因此，发展肌肉的伸展性和收缩力，对增加关节运动幅度、增强关节的稳固性有重要意义。

（6）其他。体育运动项目、运动者的年龄和性别等因素对关节运动幅度亦有明显影响。

从上述因素中，我们发现，肌肉、韧带和关节囊等软组织通过柔韧性训练，可以使关节的伸展性和弹性得到提高。而力量训练可以使肌肉的收缩力增强，提高关节的稳固性。这样不仅大大提高了关节运动幅度，同时对加固关节也有重要作用。

（三）骨骼肌的构造与功能

骨骼肌，通常称为肌肉。人体共有 600 多块肌肉，且呈对称分布，在运动动作中常用的肌肉约有 75 对。各种体育动作都是由许多肌肉协同工作实现的，同时体育运动又可明显地改善和提高肌肉的形态结构和功能。

1. 骨骼肌的基本结构

大多数骨骼肌借肌腱附着在骨骼上，每一块肌肉就是一个器官，主要由肌腹、肌腱、血管和神经构成（图 1-5）。

（1）肌腹：居于肌肉中部的较肥厚部分，由许多肌纤维借结缔组织结合而构成。其主要功能是通过肌纤维的收缩和舒张，来产生和调节人体运动的动力。

肌纤维为肌腹的实质部分，每条肌纤维长度为 1~150 mm。较长的肌肉是由若干肌纤维连接而成的。每条肌纤维的外面均包有一层结缔组织膜，称肌内膜。由 100~150 条肌纤维集合在一起形成肌束，外面包有肌束膜。由若干肌束集合成整块肌腹，外面包有肌外膜。结缔组织膜是肌肉的支持组织，血管和神经沿其伸入肌肉内。各层结缔组织膜除有支持、连接、营养和保护肌纤维的作用外，对单条肌纤维、肌束和整块肌肉的肌纤维群体活动也起着调节作用。

（2）肌腱：肌肉两端呈银白色的部分，主要由大量的胶原纤维束构成，非常坚韧，一端连于肌腹，另一端附着于骨。长肌的腱多呈条索状。扁肌的腱呈薄膜状，称腱膜。肌腱内胶原纤维相互交织成瓣状的腱纤维束，均沿肌肉长轴方向走行，靠近骨膜处的腱纤维束交织成网状。肌腱没有收缩能力，却有很强的坚韧性和抗张力性，故不易疲劳。它可以将肌腹产生的收缩力传导至骨，以产生杠杆运动。

（3）肌肉中的血管：肌肉中含有丰富的血管，尤其是毛细血管特别丰富，每平方毫米约有毛细血管 3000 条。在安静时，肌肉中的毛细血管并不是全都开放，一般每平方毫米只有 100 多条毛细血管开放。而在激烈运动时，肌肉中的毛细血管就有可能全部开放。

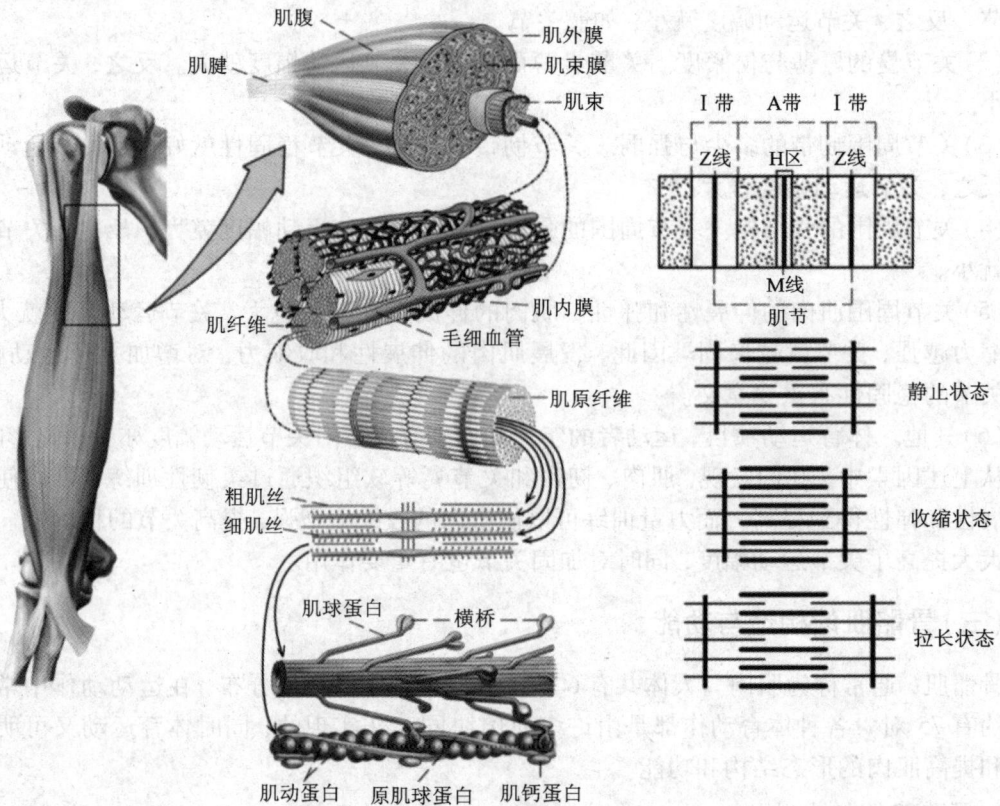

图1－5　肌肉的构造

（4）肌肉中的神经：肌肉中分布的神经有躯体运动神经、躯体感觉神经和内脏运动神经等三类。其中，躯体运动神经支配肌肉的运动。一个运动神经元以及它所支配的肌纤维构成一个运动单位，它是肌肉的基本机能单位。运动单位的大小取决于运动神经元所支配的肌纤维数目。运动单位越大，参与工作的运动单位数量越多，收缩力越强，反之亦然。躯体感觉神经起于肌梭和腱梭等本体感受器，主要向神经中枢传导肌肉的张力状态，还可传导肌肉的痛觉、温度觉、触觉和压力觉等一般感觉。肌肉中的内脏运动神经是交感神经，可以通过调节肌肉中血管的开放状态，调控肌肉的血液供应。

此外，在肌肉的周围还存在筋膜、腱鞘、籽骨、滑车和滑膜囊等辅助结构，它们分别具有保护肌肉、维持肌肉的位置、减少运动时的摩擦以及提高运动效率等功能。

2. 骨骼肌肌丝滑动学说

骨骼肌纤维的收缩机制为肌丝滑动，即肌肉缩短时A带的长度不变，而I带和H区变窄，在肌肉被拉长时，A带的长度仍然不变，I带和H区变宽。同时，无论肌小节缩短或被拉长时，粗肌丝和细肌丝的长度都不变，但两种肌丝的重叠程度发生了变化。也就是说，肌肉的缩短是由于肌小节中细肌丝在粗肌丝之间滑行造成的。即当肌肉收缩时，由Z线发出的细肌丝在某种力量的作用下向A带中央滑动，相邻的各Z线相互靠近，肌小节的长度变短，从而导致肌原纤维以至整条肌纤维和整块肌肉的缩短。

二、与体能训练相关的神经系统解剖学基础

（一）神经元与反射弧

神经系统的基本结构和功能单位是神经元。人体中各种功能不同的神经元以突触的形式相互联系，并借助神经纤维分布于全身各个器官系统，实现对人体各种活动的调节与控制。是神经系统在调节机体的活动中，对内、外环境的刺激做出的适宜反应，称为反射，是神经系统活动的基本方式。反射活动的形态学基础是反射弧，由感受器、传入神经、中枢、传出神经和效应器构成，而最初将内外的刺激转化为神经冲动的结构就是感受器。

（二）本体感觉

肌肉、肌腱和关节囊中分布的本体感受器（肌梭与腱梭），能分别感受肌肉被牵拉的程度以及肌肉收缩和关节伸展的程度。这种本体感受器受到刺激所产生的躯体各部相对位置和状态的感觉，称为本体感觉，或称运动觉。

1. 本体感受器

本体感受器是位于关节、肌肉和肌腱的特殊感受器，分为肌梭和腱梭，由位于肌腹和肌腱中的躯体感觉神经末梢形成。由于这些感受器对压力和张力敏感，因此可向中枢神经系统传递有关肌肉的各种有意识和潜意识的信息。大脑根据这些信息形成对运动的知觉或感受重力对身体位置的影响。本体感觉的大多数信息是在潜意识层面进行处理的，所以我们在保持姿势或身体位置时多为非刻意性的。

（1）肌梭

肌梭是分布在骨骼肌内的梭形小体，其长轴与骨骼肌纤维的纵轴平行排列。肌梭的表面被结缔组织的被囊所包裹，囊内有6～12条较细小的特殊分化了的骨骼肌纤维，称梭内纤维。而肌梭外的骨骼肌纤维称梭外纤维。梭内纤维按其长短和核排列的方式分为两种，分别对静止持续牵拉刺激和快速牵拉刺激敏感。即当肌肉被拉长时，肌梭亦被拉长，且受牵拉刺激而发生兴奋，可反射性地引起被牵拉肌肉收缩。

（2）腱梭

腱梭分布在腱胶原纤维之间，与梭外肌纤维串联，与肌梭的构造相似。腱梭是一种张力感受器。当肌肉收缩、张力增加时，腱梭因受刺激而发生兴奋，冲动沿着感觉神经传入中枢，反射性地引起肌肉舒张。

肌梭和腱梭一起作为本体反射的感受器，对保持姿势和协调运动具有重要的作用。

2. 其他感受器

（1）位听器

位听器又称前庭蜗器，俗称耳，分外耳、中耳和内耳三个部分。外耳和中耳是收集和传导声波的装置，是前庭蜗器的附属器。内耳又称迷路，由相嵌套的骨性和膜性管道构成，其中膜迷路包括耳蜗、椭圆囊、球囊和三个半规管。耳蜗内有听觉感受器，可接收声波的刺激；后三部分中均分布有位置觉感受器，可感受人体头部位置的变化、直线运动和旋转运动的变

化，保持人体平衡。

（2）视器

视器由眼球和眼副器共同构成。眼球的功能是接受光波的刺激，将其转变为神经冲动，经视觉神经传导通路至大脑皮质视觉中枢，产生视觉。眼副器位于眼球的周围或附近，包括眼睑、结膜、泪器和眼球外肌等，对眼球起支持、保护和运动等作用。任何体育运动都是人体整体或局部在空间和时间上产生位移的结果，而身体的运动方向、距离及具体形式均与视觉密切相关。

（三）神经系统对肌肉的控制

肌纤维是由运动神经元以电化学信号的形式把冲动从脊髓传输到肌肉。运动神经元通常在其轴突末梢有很多终末分支，支配许多不同的肌纤维。整个结构决定了运动中肌纤维的类型及其特点、功能和参与性。

1.肌肉激活

神经元即神经细胞，是神经系统结构和功能的基本单位，可分为胞体、树突和轴突三部分，具有接受刺激，并将刺激转化为神经冲动，传递给其他神经细胞、肌细胞或腺细胞等的功能。躯体运动神经支配肌肉的运动。一个 α 运动神经元和受其支配的肌纤维所组成的最基本的肌肉收缩单位称为运动单位。运动单位是肌肉的基本机能单位。根据生理功能的不同，可将运动单位分为两类，即运动性运动单位和紧张性运动单位。运动性运动单位的肌纤维兴奋时发放的冲动频率较高，收缩力量大，但容易疲劳，氧化酶的含量较低，属于快肌运动单位。紧张性运动单位的肌纤维兴奋时冲动频率较低，但发放可持续较长的时间，氧化酶的含量较高，属于慢肌运动单位。

运动单位的大小是不同的。一个运动单位中的纤维数目因肌肉不同而有所差别。眼外直肌每个运动单位只有 5~7 条肌纤维，而腓肠肌有 200 多条肌纤维。一般说来，一个运动单位中的肌纤维数目越少就越灵活，但产生的力量小；越多则产生的张力越大，但灵活性差。每个运动单位又可分成许多亚单位。每个亚单位由 10~30 条肌纤维组成。在同一运动单位中的肌纤维的兴奋与运动是同步的，而同一肌肉中不同运动单位的肌纤维的活动则不一定是同步的。

当运动神经元引发一次冲动或动作电位，它所支配的肌纤维同时兴奋发力。肌肉控制的程度取决于每个运动单位的肌纤维数量。有些肌肉必须有高度的精度作用，如眼部肌肉，也有些运动单位精细至每个运动神经元支配一根肌纤维。这些小肌肉的主动运动单位数目变化产生的细微力量可适应精确的眼球运动需要。相比之下，股四头肌肌肉群则不需要如此精确，一个运动神经元可能支配数百条肌纤维。

2.肌纤维类型

依据肌纤维的颜色、收缩速度和肌纤维的机能、代谢特点等，对骨骼肌纤维有不同的分类方法。

根据肌纤维的收缩速度可将肌纤维划分为快肌纤维和慢肌纤维。不同的肌纤维其形态学特征也不同。快肌纤维的直径较慢肌纤维大，含有较多收缩蛋白。快肌纤维的肌浆网也较慢肌纤维的发达。慢肌纤维周围的毛细血管网较快肌纤维丰富。慢肌纤维含有较多的肌红蛋白，通常呈红色。与快肌纤维相比，慢肌纤维含有较多的线粒体，并且线粒体的体积较大。在神经支配上，慢肌纤维由较小的运动神经元支配，运动神经纤维较细，传导速度较慢，一般为 2~8 m/s；而快肌纤维由较大的运动神经元支配，神经纤维较粗，传导速度较快，可达 8~40 m/s。

在人体的骨骼肌中，快肌运动单位与慢肌运动单位是相互混杂的，一般不存在单纯的快肌与慢肌。但每块肌肉中快肌与慢肌运动单位的分布比例是不同的。通过肌肉收缩时所表现出的力量—速度特征可以看出，肌肉中如果快肌纤维的百分比较高，肌肉的收缩速度较快。

3. 运动中运动单位的募集方式

肌肉收缩时产生张力的大小与兴奋的肌纤维数目有关。肌肉收缩时参与的肌纤维数目越多，产生的张力就越大。由于肌肉中所有的肌纤维都属于不同的运动单位，因此同时兴奋的运动单位数目决定了张力的大小。张力不但与兴奋的运动单位数目有关，而且也与运动神经元传到肌纤维的冲动频率有关。参与活动的运动单位数目与兴奋频率的结合，称为运动单位动员，也可称为运动单位募集。

当肌肉做持续最大力量收缩时，运动单位动员可以达到最高水平，肌肉力量会随收缩时间的延长而下降，但运动单位动员基本保持不变。这说明在最大力量收缩时，肌肉运动单位动员已达到了最大值，随着疲劳程度的增加不会有新的运动单位再参与工作。由于肌纤维动作电位的产生和传导是相对不疲劳的，因此，在整个肌肉收缩过程中，运动单位动员始终保持最高水平。但由于肌肉疲劳时每个运动单位的收缩力量相对下降，因此在持续最大力量收缩过程中，肌肉张力逐渐下降。如果让肌肉保持次最大力量(50% 最大力量)收缩至疲劳，可以发现，在持续的收缩过程中，肌肉的张力可以基本保持不变，但运动单位动员却逐渐升高。这是因为在次最大力量收缩中，在开始阶段只需要动员较少数量的运动单位就可以产生足够的力量，随着疲劳程度增加，参与工作的每个运动单位的收缩力量会有所下降，为了维持肌肉力量，就必须动员较多的运动单位参与工作，所以在一定范围内，肌肉力量可以得到维持，但运动单位动员却随着疲劳程度的增加而增加。

在运动中不同类型的肌纤维参与工作的程度依运动强度而定。Gollnick 等人让受试者以 64% 最大摄氧量强度运动，发现慢肌纤维中的糖原首先被消耗，继而转向快肌纤维。甚至当慢肌纤维中的糖原完全耗竭时，快肌纤维中还有糖原剩余。而以 150% 最大摄氧量强度运动时，快肌纤维中的糖原首先被消耗。这说明在以较低的强度运动时，慢肌纤维首先被动员，运动强度较大时，快肌纤维首先被动员。

在运动训练时，采用不同强度的练习，可以发展不同类型的肌纤维。为了增强快肌纤维的代谢能力，训练计划必须包括大强度的练习；如果要提高慢肌纤维的代谢能力，训练计划就要由低强度、持续时间较长的练习组成。

三、与体能训练相关的循环系统解剖学基础

心血管系统的主要任务是运送营养物质和清除代谢废物，同时维持身体机能的内环境。心血管系统在调节身体酸碱平衡、温度以及其他多种生理功能中均起到了关键作用。呼吸系统的主要功能是进行氧气和二氧化碳的基本交换。作为人体的保障系统，心血管系统和呼吸系统所反映的机体心肺功能，在体能训练中具有至关重要的作用。

心血管系统由心脏、动脉、毛细血管和静脉组成。心脏是心血管系统的动力装置，像水泵一样将血液从静脉血管中抽回心房，再由心室射向动脉血管。动脉将血液运送到全身各器官、组织，在毛细血管处进行物质交换后，再由静脉运回到心脏，使血液周而复始地运动。

（一）心脏的基本结构

心脏位于胸腔的中纵隔内，周围包有心包。心脏似前后略扁的倒置的圆锥体，约2/3在身体中线左侧。心脏主要由心肌组织构成，具有瓣膜结构。

1.心脏的腔室

心脏是一个中空的肌性器官，由心壁围成的腔，称心腔。心腔被房间隔和室间隔分成右心房、右心室和左心房、左心室四个腔，同侧心房和心室借房室口相通。右心房和右心室构成右心，左心房和左心室构成左心，左、右心之间互不相通（图1-6）。

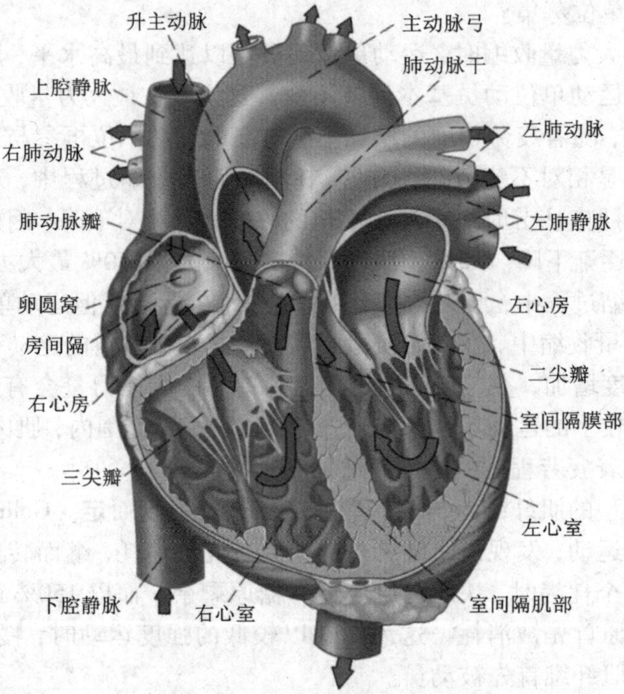

图1-6 心脏腔室结构图

2.心传导系

心传导系由特殊分化的心肌细胞构成，具有自律性和传导性，其主要功能是产生和传导冲动，控制心脏的节律性活动。心传导系包括：窦房结，结间束，房室交界区，房室束，左、右束支和浦肯野氏纤维网。窦房结是心脏的正常起搏点。

（二）心脏的功能

1.心率和心动周期

心率是每分钟心脏搏动的次数。正常人安静状态时的心率为 60~100 次/min。心率有较大的个体差异，不同年龄、不同性别及不同生理状态下的人的心率会有所不同。

心脏的一次收缩和舒张，构成一个机械活动周期，称为心动周期。首先是两心房收缩，心房开始舒张后两心室收缩，在心室舒张的后期心房又开始收缩。心脏舒张时内压降低，腔静脉血液回流入心；心脏收缩时内压升高，将血液泵到动脉。

2.心脏的泵血功能

（1）心输出量、每搏输出量和心指数

心输出量是指每分钟一侧心室射出的血液总量。左、右心室的输出量基本相等。心输出量是评价循环系统效率高低的重要指标。心输出量在很大程度上和全身组织细胞的新陈代谢率相适应。

每搏输出量指一次心搏，一侧心室射出的血量，简称搏出量。搏出量等于心舒末期容积与心缩末期容积之差值。心舒末期容积（即心室充盈量）为 130~145 mL，心缩末期容积（即心室射血期末留存于心室的余血量）为 60~80 mL，故搏出量为 65~70 mL。

心指数是以每平方米体表面积计算的心输出量。具体算法为：（心率×每搏输出量）/体表面积。由于人体静息时的心输出量与个体表面积成正比。因此，用每平方米体表面积计算的每分输出量进行不同个体之间心脏泵血功能的比较更合理。一般中等身材的成人心指数为 $3.0~3.5\ \mathrm{L/(min \cdot m^2)}$，心指数会随不同生理条件而改变。

（2）射血分数

每搏输出量占心室舒张末期的容积百分比，称为射血分数。健康成年人的射血分数为 55%~65%。心肌收缩力越强，则每搏输出量越大，在心室内留下的血量将越少，射血分数越大。射血分数也可以衡量心脏的功能。

（3）心脏做功量

血液在心血管内流动过程中所消耗的能量是由心脏做功所供给的。心室每搏动一次所做的功，称为每搏功，是射血时心室内压力与容积变化的乘积，具体算法为：每搏功=（射血期左心室内压−左心室舒张末期内压）×搏出量。

心室每分钟的做功量为每分功。

心脏的耗氧量与心脏的做功量是平行的。在动脉血压升高的情况下，心室要射出与原先同等量的血液，就必须做出较多的功，心脏耗氧量将增加。因此，心脏做功量是评价心脏泵血功能的较为全面的指标。

（4）心力储备

心力储备又称心脏泵血功能的储备，指心脏在神经和体液因素的调节下，适应机体代谢的需要而增加心输出量的能力。心力储备可用最大心输出量与安静时心输出量的差值表示。健康成年人安静时的心输出量约为 5 L/min，剧烈运动时最大心输出量为 25~35 L/min，即心力储备为 20~30 L。

心力储备的大小反映心脏泵血功能对代谢需要的适应能力，与心脏健康状况有关。劳动和体育锻炼可提高心力储备。个别优秀的耐力运动员的最大心输出量可为静息时的 8 倍。

(三)血管的分类与基本构造

血管是心脏运送血液的管道，包括动脉、毛细血管和静脉。动脉起自心室，终于毛细血管的动脉端，是运送血液离心的管道。动脉在行程中不断分支，根据分支管径的大小分为大、中、小动脉和微动脉，最后移行为毛细血管。静脉起自毛细血管的静脉端，终于心房，是引导血液回心的血管。小静脉由毛细血管汇合而成，在向心回流的过程中不断接受属支，逐渐汇合成中静脉、大静脉。毛细血管是连接动、静脉末梢的管道，数量多，相互交织成网，分布广泛。毛细血管内血流缓慢，是血液与血管外组织液进行物质交换的场所。

动脉和静脉的功能虽有所不同，但二者的构造具有共同特点，即管壁均由三层膜构成。其中，内膜较薄，由单层扁平上皮（即内皮）构成，非常光滑，可减少血流阻力；中膜较厚，由平滑肌、弹性纤维和胶原纤维构成；外膜由疏松结缔组织构成，可防止血管过度扩张。毛细血管因其连于微动脉与微静脉之间而具有独特的结构，仅由一层内皮细胞和基膜构成。

(四)血管的生理机能

1. 血压

血压指血管内血液对于单位面积血管壁的侧压力，即压强。因为血管分动脉、毛细血管和静脉，所以有不同的血压。通常所说的血压是指动脉血压。动脉血压分为收缩压和舒张压，心脏收缩时动脉血压的最高值为收缩压，相当于 $100 \sim 120$ mmHg（1 mmHg = 0.133 kPa），心脏舒张时动脉血压的最低值为舒张压，相当于 $60 \sim 80$ mmHg，收缩压与舒张压之比为脉搏压或脉压。决定血压高低的因素，主要包括心肌的收缩力（即心脏的每博输出量）、心率以及血管的弹性收缩和舒张等。

2. 脉搏

动脉为富有弹性的结缔组织与肌肉所形成的管路。当左心室收缩，大量血液由心脏的挤压进入动脉将使动脉压力变大，管径扩张，在体表较浅处动脉即可感受到此扩张，即所谓的脉搏。脉搏为体表可触摸到的动脉搏动。

(五)全身的血液循环途径

血液由心室射出，经动脉各级分支流至全身毛细血管进行物质交换，再经静脉的各级属支返回心房，周而复始的循环流动称为血液循环。

人体的血液循环，根据其循环途径和功能的不同，可以分为体循环和肺循环，这两种循环同时进行，血流量相等。

1. 体循环

当心室收缩时，含营养物质和氧气较多的动脉血由左心室搏出，经主动脉及其各级分支到达全身毛细血管，血液在此与周围的组织、细胞进行物质和气体交换，将代谢产物和二氧化碳等带回血液，血液变成静脉血，再通过各级静脉属支，最后经上、下腔静脉及心脏冠状窦返回右心房，这一循环途径称体循环。

体循环的主要特点是循环途径长，流经范围广，以动脉血滋养全身各部，而将代谢终产物以静脉血运回心脏,故又称大循环。

2.肺循环

当右心室收缩时,体循环回流的静脉血由右心室搏出,经肺动脉干及其各级分支到达肺泡毛细血管进行气体交换,再经肺静脉各级属支汇合成肺静脉进入左心房,这一循环途径称肺循环。

肺循环的特点是循环路程较短,流经范围小,主要功能是使含二氧化碳的静脉血转变成含氧丰富的动脉血,故又称小循环。

人体的体循环和肺循环虽然路径不同、功能各异,但都是人体整个血液循环的组成部分。血液循环路径中,任何一部分发生病变都会影响血液循环的正常进行。

四、与体能训练相关的呼吸系统解剖学基础

人体进行新陈代谢所需的能量,都是通过氧化体内的营养物质获得的。为此,人体必须不断地从外界摄取氧气,同时不断地将体内所产生的二氧化碳排出体外。这种人体与外界环境之间进行的气体交换,称为呼吸。

(一)呼吸道和肺的构成

呼吸系统由呼吸道和肺组成。呼吸系统的主要功能是进行气体交换,即吸入氧,排出二氧化碳。

呼吸道包括鼻、咽、喉、气管及支气管等。通常称鼻、咽、喉为上呼吸道,气管和各级支气管为下呼吸道(图1-7)。

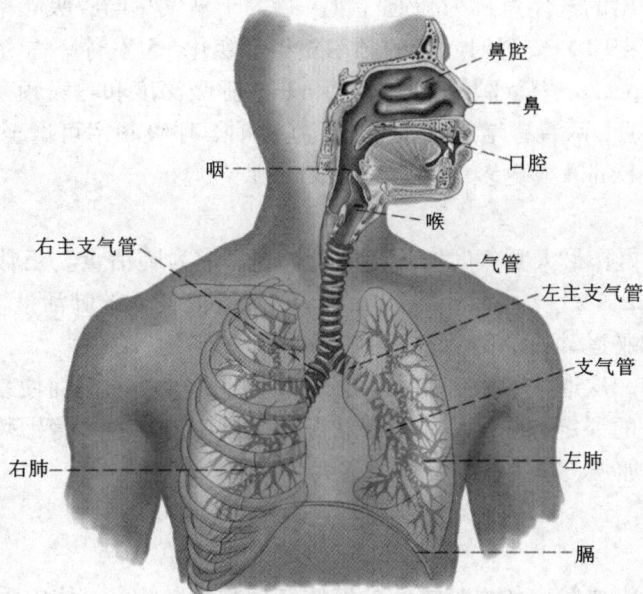

图1-7 呼吸系统构成

肺是呼吸系统最重要的部分，为机体与外界进行气体交换的器官。肺表面被覆浆膜（胸膜的脏层）。肺组织由肺内支气管的各级分支及其终末的大量肺泡和结缔组织、血管、淋巴管和神经等组成。

（二）肺通气

1. 肺通气的原理

肺泡与外界环境之间的压力差是肺通气的直接动力，呼吸肌收缩和舒张引起的节律性呼吸运动是肺通气的原动力。

由呼吸肌收缩和舒张引起的胸廓节律性扩大和缩小，称为呼吸运动，包括吸气运动和呼气运动。

平静呼吸时，吸气运动是由吸气肌收缩实现的。吸气时，胸腔的上下径、前后径和左右径都增大，引起胸腔和肺的容积增大，肺内压（肺泡内的压力）低于大气压，因此气体进入肺内，这就是吸气的过程。平静呼吸时，呼气运动并不是由呼气肌收缩引起的，而是吸气肌舒张所致。

用力吸气时，除吸气肌收缩外，辅助吸气肌也参与收缩，使胸廓进一步扩大，吸入更多气体。用力呼气时，除吸气肌舒张外，还需要呼气肌参与收缩。

2. 肺通气的机能

（1）潮气量

每次呼吸时吸入或呼出的气体量，叫潮气量。平静呼吸时的潮气量为 400～600 mL。潮气量与年龄、性别、体表面积以及情绪等因素有关，运动时潮气量增大。

（2）肺通气量

每分钟吸入或呼出的气体量称为肺通气量。它等于潮气量与呼吸频率的乘积。安静时成年人的肺通气量为 6～9 L。安静时呼吸的频率随年龄变化，5 岁时平均为 26 次/min，15～20 岁时平均为 20 次/min，20 岁后平均降为 16 次/min。呼吸深度和呼吸频率随人体新陈代谢水平变化，代谢水平高时，两者皆增加。例如剧烈运动时，呼吸频率可增至 40～60 次/min，通气量可增至 80～150 L/min 或更多（180～200 L/min）。

（3）肺活量

最大深吸气后，再作最大呼气时所呼出的气体量，称为肺活量。正常成人肺活量的平均值，男性约为 3500 mL，女性约为 2500 mL。运动锻炼既能使人的肺活量水平提高，也能延缓肺活量的衰减。高水平运动员的肺活量可达 7000 mL。

肺活量反映了肺一次通气的最大能力，也是测定肺通气功能的简便易行的指标，广泛应用于运动员训练水平的评定和国民体质健康状况的测试中。通过体育锻炼，呼吸肌的力量提高，吸气和呼气能力加强，肺活量亦将随之增大。

（三）气体交换

肺泡与肺泡壁毛细血管内的血液之间的气体交换称为肺换气，体内毛细血管内血液与组织细胞之间的气体交换称为组织换气。气体交换的过程必须遵循一定的物理化学规律，即氧气和二氧化碳都要通过扩散的方式才能完成气体交换。

在混合气体的总压力中，某种气体所占有的压力即为该气体的分压（用 P 表示）。实现肺换气和组织换气，均需依赖于肺泡、血液和组织内氧气和二氧化碳的分压的差。

1. 肺换气

在肺循环中，当来自肺动脉的静脉血流经肺泡毛细血管时，由于肺泡中的氧气分压（即 P_{O_2}，102 mmHg）高于静脉血中的氧气分压（40 mmHg），而肺泡中的二氧化碳分压（即 P_{CO_2}，40 mmHg）低于静脉血中的二氧化碳分压（46 mmHg），氧气由肺泡扩散入血液，二氧化碳则由血液向肺泡扩散，从而使含氧气较少、含二氧化碳较多的静脉血变为含氧气较多、含二氧化碳较少的动脉血。

2. 组织换气

当体循环的动脉血流经组织毛细血管时，由于动脉血的氧气分压（100 mmHg）高于组织细胞中的氧气分压（0~40 mmHg），而二氧化碳分压（40 mmHg）低于组织中的二氧化碳分压（46~80 mmHg），故氧气从血液中向组织细胞扩散，二氧化碳则从组织细胞向血液扩散，由此形成了组织换气。组织换气的结果是使流经组织的动脉血转变为静脉血。由于细胞新陈代谢不断地消耗氧气，不断地产生二氧化碳，致使组织细胞内的氧气气压总是低于动脉血，而二氧化碳分压总是高于动脉血。

组织细胞中的氧气分压和二氧化碳分压的波动受组织代谢程度的影响，运动是人体组织新陈代谢剧烈的过程，消耗过多的氧气和产生过多的二氧化碳，使组织细胞中氧气分压下降（甚至降到零），二氧化碳分压升高，导致分压差加大。所以，人体在运动时组织换气过程加快，换气量加大。

第二章

体能训练基础动作的解剖学分析

人体完成动作的基本结构包括骨、关节和骨骼肌（即肌肉）。骨的形态结构决定了人体运动的骨杠杆类型和各环节的大小与运动幅度，关节的形态结构决定了人体各环节的具体运动形式和肌肉配布规律，而肌肉则通过其收缩与舒张牵引骨在关节处实现人体的各种形式的运动。肌肉在骨上不同的附着方式和位置，决定了肌肉在不同关节角度状态下可以引起环节不同形式的运动，进而使人体运动时能够表现出复杂多样的动作。在进行体能训练基础动作的解剖学分析时，首先应了解动作结构分析的基本原理，并在此基础上分析体能训练中各种动作的各环节的运动形式、肌肉收缩特征以及在不同动作阶段肌肉工作的变化规律，这样才能更加客观地评价动作的合理性，为体能训练手段的设计与实施，以及运动损伤的预防等提供解剖学依据。

一切运动皆由动作组合而成，动作是运动的基础，是运动的基本表现形式，是运动技术的关键因素。目前动作模式的概念尚不统一，有学者指出动作模式是在中枢神经系统的支配下，肌肉、筋膜及关节等系统共同执行预先储存在大脑中相应动作程序执行的过程，这种执行过程是按照一定的时间和空间顺序进行的。而功能训练强调对动作模式而不是对单一肌群的训练，动作模式训练是实现功能训练目标的手段。

运动解剖学常采用环节受力分析法对人体各类动作进行定性分析，即动作结构分析。动作结构分析最核心的内容是分析各阶段各环节的运动状况，即指出每一个阶段中每一个环节在相应关节处的运动，说明环节的受力情况、原动肌及其工作性质，指出各环节原动肌的工作条件，分析肌肉工作时的协作关系，分析原动肌的杠杆原理。

体能训练中有很多复杂、复合性的动作，但都是由最基本的动作模式构成。体能训练中最常用的训练动作有以下八种：跑、引体向上、俯卧撑、双臂屈伸、屈膝仰卧起坐、深蹲、硬拉、弓箭步。从解剖学层面来看，体能训练中的任何动作都是由环节在相应关节处的运动来实现的，制约动作完成的根本因素是各环节骨、关节和肌肉的功能状况。然而从动作的管理层面来看，神经系统起着至关重要的作用，可控制一切环节的运动状况。因此，建立合理、符合人体结构和力学特征的动作模式是一切体能训练中首先要解决的问题，而对动作结构的解剖学分析就是解决这一问题的基本方法。

一、跑

（一）动作要领

跑的周期由支撑阶段和腾空阶段组成。支撑腿的有力后蹬，为身体的快速蹲起和摆动腿的充分摆动创造有利的条件。同时摆动腿的快速摆动又能对后蹬动作产生积极的影响。前进时，上体稍微前倾，两臂前后摆动，配合腿部动作，保持跑动中的身体平衡。短跑的途中跑呈现出快速并富有力感的特点；中长跑则表现出自然、协调，富有节奏感的特点。

（二）动作阶段划分与解剖学分析

跑属于对称性运动，左右侧上下肢运动相同，只需分析单侧上肢、下肢及躯干动作即可。途中跑也属于周期性运动，每个周期的动作结构完全相同，故分析一个动作周期即可。

1. 上肢动作分析

上肢动作分析见图 2 - 1、表 2 - 1 ~ 表 2 - 8。

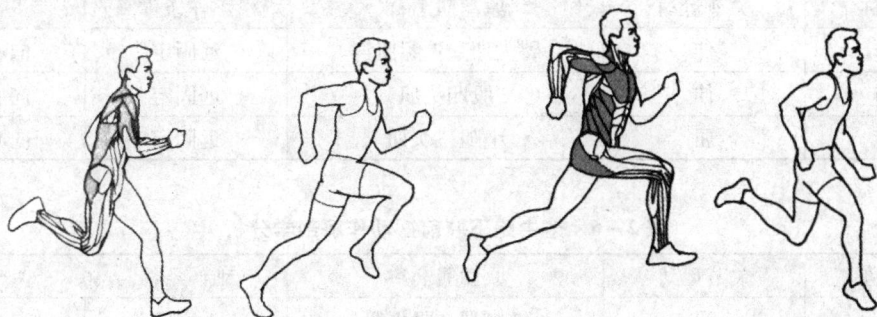

图 2 - 1　跑

表 2 - 1　途中跑上肢前摆动作解剖学分析

关节名称	关节运动	原动肌名称	工作条件	工作性质
肩胛骨	前伸	前锯肌	近固定	向心工作
肩关节	屈	胸大肌、三角肌前束、肱二头肌	近固定	向心工作
肘关节	屈	肱二头肌、肱肌	近固定	静力性工作
腕关节	解剖位	前臂屈、伸肌群	近固定	静力性工作

表 2 - 2　途中跑上肢后摆动作解剖学分析

关节名称	关节运动	原动肌名称	工作条件	工作性质
肩胛骨	后缩	斜方肌	近固定	向心工作
肩关节	伸	背阔肌、三角肌后束、肱三头肌	近固定	向心工作
肘关节	屈	肱二头肌、肱肌	近固定	静力性工作
腕关节	解剖位	前臂屈、伸肌群	近固定	静力性工作

2. 躯干动作分析

表2-3　途中跑躯干左右回旋动作解剖学分析（以左回旋为例）

关节名称	关节运动	原动肌名称	工作条件	工作性质
脊柱	左回旋	左侧腹内斜肌、右侧腹外斜肌	下固定	向心工作
骨盆	左回旋	右侧臀大肌、右侧髂腰肌	远固定	向心工作

3. 下肢动作分析

表2-4　途中跑下肢支撑动作解剖学分析

关节名称	关节运动	原动肌名称	工作条件	工作性质
髋关节	屈	臀大肌、骨髂肌群	远固定	离心工作
膝关节	屈	股四头肌	远固定	离心工作
踝关节	伸	小腿三头肌	远固定	离心工作

表2-5　途中跑下肢蹬地动作解剖学分析

关节名称	关节运动	原动肌名称	工作条件	工作性质
髋关节	伸	臀大肌、骨髂肌群	远固定	向心工作
膝关节	伸	股四头肌	远固定	向心工作
踝关节	屈	小腿三头肌	远固定	向心工作

表2-6　途中跑下肢前摆动作解剖学分析

关节名称	关节运动	原动肌名称	工作条件	工作性质
髋关节	屈	髂腰肌、股直肌	近固定	向心工作
膝关节	屈	腓肠肌、股后肌群	近固定	向心工作
踝关节	伸	小腿前群肌	近固定	向心工作

表2-7　途中跑下肢下压动作解剖学分析

关节名称	关节运动	原动肌名称	工作条件	工作性质
髋关节	伸	臀大肌、股后肌群	近固定	向心工作
膝关节	伸	股四头肌	近固定	向心工作
踝关节	屈	小腿三头肌	近固定	向心工作

表2-8　途中跑下肢落地缓冲动作解剖学分析

关节名称	关节运动	原动肌名称	工作条件	工作性质
髋关节	屈	臀大肌、股后肌群	远固定	离心工作
膝关节	屈	股四头肌	远固定	离心工作
踝关节	伸	小腿三头肌	远固定	离心工作

（三）小结与建议

无论是快速的短跑运动，还是慢速的中长跑运动都有"途中跑"动作，运动方式基本相同，只是动作频率和节奏有很大差异。对参加工作的肌群来说，前者要求具有很强的无氧代谢能力，后者要求具有很强的有氧代谢能力。

应注意在"途中跑"过程中的上、下肢运动的协调配合，躯干旋转幅度要适宜。

二、引体向上

（一）动作要领

开始与还原动作：双手握杠，掌心向前；握距有宽、中、窄3种；悬垂时，手臂伸直，躯干后仰约30度，下背呈反弓形，挺胸收腹。

练习动作：躯干向上肢靠拢，躯干固定，肩胛骨后缩，肩关节伸并内收，肘关节屈，腕关节屈；引体到位，用力收缩并集中体会背部肌肉的感觉，稳定片刻；缓慢还原到开始动作，手臂伸直，背阔肌伸展。

呼吸方式：引体向上阶段呼气，向下还原阶段吸气。

重复次数：按要求重复进行练习。

练习类型：复合练习。

练习器材：单杠或引体向上练习器。

（二）解剖学分析

1.引体向上阶段

引体向上阶段如图2-2，表2-9所示。

图2-2　引体向上练习—引体向上阶段

23

表 2-9　引体向上练习—向上引体阶段

关节名称	关节运动	原动肌名称	工作条件	工作性质
肩胛骨	下降	斜方肌下部、前锯肌、胸小肌	近固定	向心工作
	下回旋	菱形肌、肩胛提肌、胸小肌	近固定	向心工作
	后缩	斜方肌、菱形肌	近固定	向心工作
肩关节	伸	背阔肌、三角肌后束、肱三头肌 冈下肌、小圆肌、大圆肌、肩胛下肌	远固定	向心工作
肘关节	屈	肱二头肌、肱肌、肱桡肌、旋前圆肌	远固定	向心工作
腕关节	屈	前臂屈肌群	远固定	向心工作

2. 向下还原阶段

向下还原阶段如图 2-3，表 2-10 所示。

图 2-3　引体向上练习向下还原阶段

表 2-10　引体向上练习—向下还原阶段

关节名称	关节运动	原动肌名称	工作条件	工作性质
肩胛骨	上提	斜方肌下部、前锯肌、胸小肌	近固定	离心工作
	上回旋	菱形肌、肩胛提肌、胸小肌	近固定	离心工作
	前伸	斜方肌、菱形肌	近固定	离心工作
肩关节	屈	背阔肌、三角肌后束、肱三头肌长头 冈下肌、小圆肌、大圆肌、肩胛下肌	远固定	离心工作
肘关节	伸	肱二头肌、肱肌、肱桡肌、旋前圆肌	远固定	离心工作
腕关节	伸	前臂屈肌群	远固定	离心工作

三、俯卧撑

(一)动作要领

开始与还原动作：俯撑在地面上，两手间距同肩宽；脚背支撑在健身球上，抬高并保持身体平直。

练习动作：控制速度缓慢屈臂，躯干下降，胸部几乎接触地面；然后，肩关节屈肌群和伸肘肌群发力，撑起躯干，还原到开始动作；完成阶段用力收缩胸大肌，停顿片刻。

呼吸方式：身体向下阶段吸气，撑起阶段呼气。

重复次数：按要求重复进行练习。

练习类型：复合练习。

练习器材：自身体重或者瑞士球。

(二)解剖学分析

1.向下阶段

向下阶段如图 2-4，表 2-11 所示。

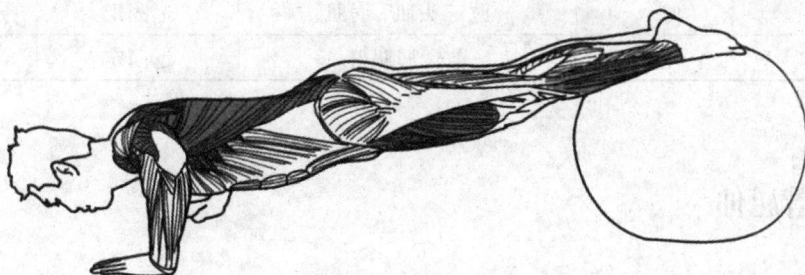

图 2-3　瑞士球俯卧撑练习—向下阶段

表 2-11　瑞士球俯卧撑练习—向下阶段

关节名称	关节运动	原动肌名称	工作条件	工作性质
肩胛骨	后缩	前锯肌、胸小肌	近固定	离心工作
肩关节	伸	胸大肌、三角肌前束、肱二头肌、喙肱肌	远固定	离心工作
肘关节	屈	肱三头肌、肘肌	远固定	离心工作
腕关节	过伸	前臂屈肌群	远固定	离心工作

2. 撑起阶段

撑起阶段见如图 2-5，表 2-12 所示。

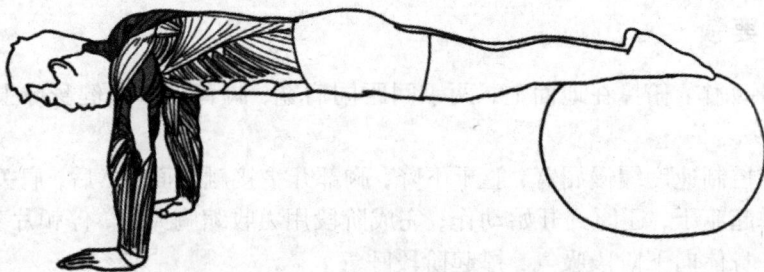

图 2-5　瑞士球俯卧撑练习—撑起阶段

表 2-12　瑞士球俯卧撑练习—撑起阶段

关节名称	关节运动	原动肌名称	工作条件	工作性质
肩胛骨	前伸	前锯肌、胸小肌	近固定	向心工作
肩关节	屈	胸大肌、三角肌前束、肱二头肌、喙肱肌	远固定	向心工作
肘关节	伸	肱三头肌、肘肌	远固定	向心工作
腕关节	伸	前臂屈肌群	远固定	向心工作

四、双臂屈伸

（一）动作要领

开始与还原动作：练习开始时，撑起身体，手臂伸直，锁定肘关节。

练习动作：伸肩屈肘，躯干前倾约 30 度，直到感觉胸部有牵张感觉；然后胸大肌发力，屈肩伸肘，撑起躯干，还原到开始动作；完成阶段用力收缩胸大肌，停顿片刻。

呼吸方式：屈臂向下阶段吸气，撑起阶段呼气。

重复次数：按要求重复进行练习。

练习类型：复合练习。

练习器材：双杠或臂屈伸练习器。

（二）解剖学分析

1. 放下阶段

放下阶段如图 2-6，表 2-13 所示。

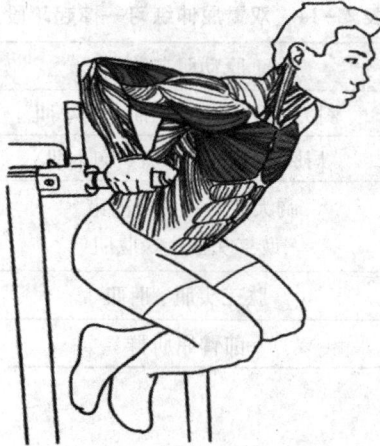

图 2 - 6　双臂屈伸练习—向下阶段

表 2 - 13　双臂屈伸练习—向下阶段

关节名称	关节运动	原动肌名称	工作条件	工作性质
肩胛骨	上提	斜方肌下部、前锯肌、胸小肌	近固定	离心工作
	上回旋	肩胛提肌、菱形肌、胸小肌	近固定	离心工作
肩关节	伸	胸大肌、三角肌前束、 肱二头肌、喙肱肌	远固定	离心工作
肘关节	屈	肱三头肌、肘肌	远固定	离心工作
腕关节	过伸	前臂屈肌群	远固定	离心工作

2. 撑起阶段

撑起阶段如图 2 - 7，表 2 - 14 所示。

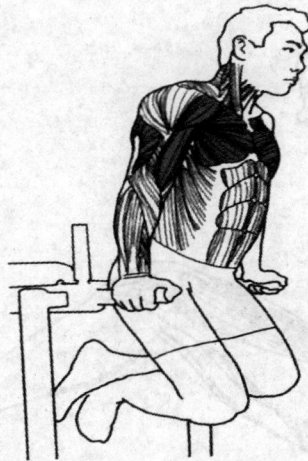

图 2 - 7　双臂屈伸练习—撑起阶段

表 2 – 14　双臂屈伸练习—撑起阶段

关节名称	关节运动	原动肌名称	工作条件	工作性质
肩胛骨	下降	斜方肌下部、前锯肌、胸小肌	近固定	向心工作
	下回旋	肩胛提肌、菱形肌、胸小肌	近固定	向心工作
肩关节	屈	胸大肌、三角肌前束、肱二头肌、喙肱肌	远固定	向心工作
肘关节	伸	肱三头肌、肘肌	远固定	向心工作
腕关节	屈	前臂屈肌群	远固定	向心工作

五、屈膝仰卧起坐

（一）动作要领

开始与还原动作：身体仰卧在地面上，两腿分开，与肩同宽，双手在体前交叉或置于头后。

练习动作：以腰为轴，腹肌用力收缩，屈体向上，直到躯干与地面成垂直位；缓慢还原到开始动作；注意抬起躯干时不要借助手臂的力量，动作过程中脚不要离开地面。

呼吸方式：收腹起坐阶段呼气，向下还原阶段吸气。

重复次数：按要求重复进行练习。

练习类型：复合练习。

（二）解剖学分析

1. 收腹起坐阶段

收腹起坐阶段如图 2 – 8，表 2 – 15 所示。

图 2 – 8　屈膝仰卧起坐练习—收腹起坐阶段

表 2 – 15　屈膝仰卧起坐练习—收腹起坐阶段

关节名称	关节运动	原动肌名称	工作条件	工作性质
脊柱	屈	腹直肌、腹内斜肌、腹外斜肌	下固定	向心工作
髋关节	屈	髂腰肌、腹直肌、缝匠肌、阔肌膜张肌、耻骨肌	远固定	向心工作

2. 向下还原阶段

向下还原阶段如图 2 – 9，表 2 – 16 所示。

图 2 – 9　屈膝仰卧起坐练习—向下还原阶段

表 2 – 16　屈膝仰卧起坐练习—向下还原阶段

关节名称	关节运动	原动肌名称	工作条件	工作性质
脊柱	伸	腹直肌、腹内斜肌、腹外斜肌	下固定	离心工作
髋关节	伸	髂腰肌、腹直肌、缝匠肌、阔肌膜张肌、耻骨肌	远固定	离心工作

六、深蹲

(一) 动作要领

开始与还原动作：根据练习者的身高调节支撑架的高度，选择适宜的负荷重量；肩部扛起杠铃，颈部稍前屈，双手抓握铃杆，下肢用力蹬伸，脊柱伸直，双脚开立与肩同宽，脚尖略向外。

练习动作：抬头、挺胸、收腹、躯干略微前倾，缓慢屈膝下蹲，控制动作速度，臀部后坐，直到大腿后面靠近小腿三头肌；蹬起时下肢伸肌发力，克服阻力上行，还原到开始动作。该练习关节运动幅度大，躯干尽可能伸直并固定。

呼吸方式：向下屈膝阶段吸气，向上蹬起还原阶段呼气。

重复次数：按要求重复进行练习。

练习类型：复合练习。

练习器材：自身体重或杠铃。

（二）解剖学分析

1. 向下屈膝阶段

向下屈膝阶段如图 2 - 10，表 2 - 17 所示。

图 2 - 10　杠铃深蹲练习—向下屈膝阶段

表 2 - 17　杠铃深蹲练习—向下屈膝阶段

关节名称	关节运动	原动肌名称	工作条件	工作性质
脊柱	屈	竖脊肌	下固定	离心工作
髋关节	屈	臀大肌、股后肌群	远固定	离心工作
膝关节	屈	股四头肌	远固定	离心工作
踝关节	伸	小腿三头肌、胫骨后肌、趾长屈肌 蹈长屈肌、腓骨长肌、腓骨短肌	远固定	离心工作

2. 向上蹬起还原阶段

向上蹬起还原阶段如图 2 - 11，表 2 - 18 所示。

图 2 - 11　杠铃深蹲练习—向上蹬起还原阶段

表 2 – 18　杠铃深蹲练习—向上蹬起还原阶段

关节名称	关节运动	原动肌名称	工作条件	工作性质
脊柱	伸	竖脊肌	下固定	向心工作
髋关节	伸	臀大肌、股后肌群	远固定	向心工作
膝关节	伸	股四头肌	远固定	向心工作
踝关节	屈	小腿三头肌、胫骨后肌、趾长屈肌 蹬长屈肌、腓骨长肌、腓骨短肌	远固定	向心工作

七、硬拉

（一）动作要领

开始与还原动作：站在杠铃后面，双手抓握杠铃，中等握距，背部挺直，屈膝向前；抓握困难时可借助腕力带固定。

练习动作：提拉杠铃时，双脚蹬地立起，髋关节伸，膝关节伸，踝关节屈；抬起躯干，挺胸收腹，肩胛骨后缩，肩关节伸，保持肘关伸直；完成动作时肌肉用力收缩并停顿片刻，然后，向下缓慢还原到开始动作。

呼吸方式：向上提拉阶段呼气，向下还原阶段吸气。

重复次数：按要求重复进行练习。

练习类型：复合练习。

练习器材：壶铃或者杠铃。

（二）解剖学分析

1. 向上提拉阶段

向上提拉阶段如图 2 – 12，表 2 – 19 所示。

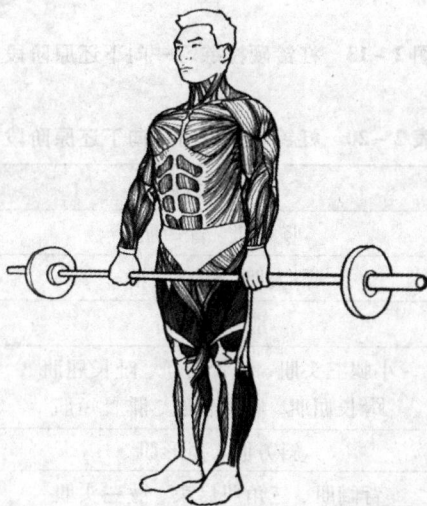

图 2 – 12　杠铃硬拉练习—向上提拉阶段

表2-19 杠铃硬拉练习—向上提拉阶段

关节名称	关节运动	原动肌名称	工作条件	工作性质
脊柱	伸	竖脊肌、背短肌	下固定	向心工作
髋关节	伸	臀大肌、股后肌群	远固定	向心工作
膝关节	伸	股四头肌	远固定	向心工作
踝关节	屈	小腿三头肌、胫骨后肌、趾长屈肌 蹬长屈肌、腓骨长肌、腓骨短肌	远固定	向心工作
肩胛骨	后缩	斜方肌、菱形肌	近固定	向心工作
肩关节	伸	背阔肌、三角肌后束、肱三头肌 冈下肌、小圆肌、大圆肌、肩胛下肌	近固定	向心工作
肘关节	伸	肱二头肌、肱肌、肱桡肌、旋前圆肌	近固定	支持工作
腕关节	屈	前臂屈肌群	近固定	支持工作

2. 还原阶段

还原阶段如图2-13，表2-20所示。

图2-13 杠铃硬拉练习—向下还原阶段

表2-20 杠铃硬拉练习—向下还原阶段

关节名称	关节运动	原动肌名称	工作条件	工作性质
脊柱	屈	竖脊肌、背短肌	下固定	离心工作
髋关节	屈	臀大肌、股后肌群	远固定	离心工作
膝关节	屈	股四头肌	远固定	离心工作
踝关节	伸	小腿三头肌、胫骨后肌、趾长屈肌 蹬长屈肌、腓骨长肌、腓骨短肌	远固定	离心工作
肩胛骨	前伸	斜方肌、菱形肌	近固定	离心工作
肩关节	屈	背阔肌、三角肌后束、肱三头肌 冈下肌、小圆肌、大圆肌、肩胛下肌	近固定	离心工作

续表 2 - 20

关节名称	关节运动	原动肌名称	工作条件	工作性质
肘关节	伸	肱二头肌、肱肌、肱桡肌、旋前圆肌	近固定	支持工作
腕关节	屈	前臂屈肌群	近固定	支持工作

八、弓箭步

(一)动作要领

开始与还原阶段：调整支撑架高度并选择适宜的负荷重量，肩部扛起杠铃，双手抓握杠铃，直立，躯干挺直，两眼平视前方，双脚开立，间距同肩宽。

练习动作：右脚向前迈步，髋关节、膝关节屈，重心下降，躯干挺直，左脚被动支撑。注意膝关节不得超越脚趾并保持平衡；停顿片刻，然后脚跟支撑，用力向后蹬伸，伸膝关节和髋关节，保持脊柱挺直，还原到开始动作；然后交替到异侧腿练习。

呼吸方式：向前跨步阶段吸气，向后还原阶段呼气。

重复次数：按要求重复交替进行练习。

练习类型：复合练习。

练习器材：杠铃。

练习变化：该练习变化多样，可双脚交替练习(如前所述)；也可原地保持跨步姿势，尽力完成身体上下起伏动作；也可在向前迈步过程中完成动作，这种方式难度最大。

(二)解剖学分析

1. 向前跨步阶段

向前跨步阶段如图 2 - 14，表 2 - 21 所示。

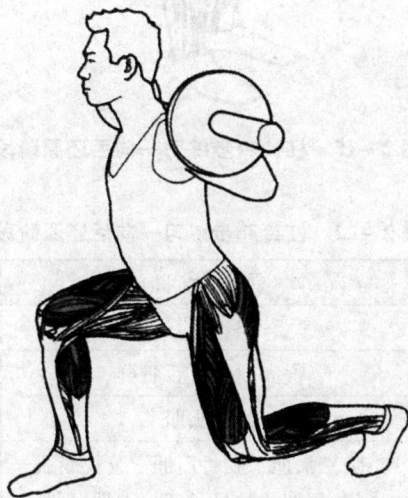

图 2 - 14 杠铃跨步练习—向前跨步阶段

表2-21 杠铃跨步练习—向前跨步阶段

关节名称	关节运动	原动肌名称	工作条件	工作性质
脊柱	伸	竖脊肌	下固定	支持工作
髋关节	屈(前腿)	臀大肌、股后肌群	远固定	离心工作
	伸(后腿)	臀大肌、股后肌群	远固定	向心工作
膝关节	屈(前、后腿)	股四头肌	远固定	离心工作
踝关节	伸(前、后腿)	小腿三头肌、胫骨后肌、趾长屈肌 姆长屈肌、腓骨长肌、腓骨短肌	远固定	离心工作

2. 向后还原阶段

向后还原阶段如图2-15,表2-22所示。

图2-15 杠铃跨步练习—向后还原阶段

表2-22 杠铃跨步练习—向后还原阶段

关节名称	关节运动	原动肌名称	工作条件	工作性质
脊柱	伸	竖脊肌	下固定	支持工作
髋关节	伸(前、后腿)	臀大肌、股后肌群	远固定	向心工作
膝关节	伸(前、后腿)	股四头肌	远固定	向心工作
踝关节	屈(前、后腿)	小腿三头肌、胫骨后肌、趾长屈肌 姆长屈肌、腓骨长肌、腓骨短肌	远固定	向心工作

第三章
体能训练的能量代谢基础

生物体的任何活动都需要能量参与，能量是维持正常生命活动的基础，也是维持人体运动能力的重要前提。能量代谢是人体一切生命活动的基本特征，是生物体内的物质代谢过程中所伴随的能量存储、释放、转移和利用的过程。人体中有三大类营养物质，分别是糖类、脂类和蛋白质，这些物质在体内氧化释放的能量一部分用于维持体温和转化为热能散发到环境中，另一部分形成三磷酸腺苷(ATP)储存于高能磷酸键中，ATP在生理条件下释放出能量满足机体各种生命活动的需要。运动及训练的能量代谢基础是体能教练需要重点了解和掌握的主要内容，理解机体能量代谢系统，对于制定合理的有氧和无氧训练方案来说非常重要。

一、人体能量系统概述

人体在各种运动中所需要的能量分别由三种不同的能源系统供给，即磷酸原系统、糖酵解系统、有氧氧化系统，见表3－1。

表 3－1　人体三个能源系统的特征

能源系统名称	底物	储量（mmol/kg）	可合成 ATP 量	可供运动时间	供给 ATP 恢复的物质和代谢产物
磷酸原系统	ATP	4～6		6～8 s	CP
	CP	15～17	100	<10 s	CP + ADP→ATP + C
糖酵解系统	肌糖原	365	250	2～3 min	肌糖原→乳酸
有氧氧化系统	肌糖原	365	13000	>3～5 min	糖→CO_2
	脂肪	49	不受限	1～2 h	脂肪→H_2O

不管是什么类型的运动，所有的供能系统在任何时候均参与供能，满足运动对能量的需求。但是，由于运动强度、运动量、持续时间和运动间歇的不同，可能会以某个供能系统为主。在30 s的冲刺训练中，28%～40%的能量来自有氧氧化系统，45%来自糖酵解系统，17%来自ATP－CP系统。在12 s的冲刺训练中，47%的能量来自糖酵解系统，31%来自有氧

氧化系统。表3-2展示了不同类型的运动对能量代谢的需求。训练方案的制订需要针对项目的供能需求特点。某个运动员需要发展磷酸原系统，最好选择高强度、短促的爆发力训练。间歇训练可使运动员训练的强度更高。持续训练的运动强度将受到限制并且取决于疲劳程度。间歇训练与其相比，运动员可以完成的大强度训练的比例更高。1∶10的工作/休息率表明运动员的间歇时间是运动时间的10倍。爆发力训练8 s，需要80 s的休息间歇。一般来说，工作/休息率在1∶12到1∶20之间的训练主要针对ATP-CP系统，1∶3到1∶5的训练主要针对糖酵解系统，1∶3到1∶4的训练主要针对糖酵解系统和有氧氧化系统，1∶1到1∶3的训练主要针对有氧氧化系统。

表3-2　不同时间全力运动时的能量代谢系统利用

持续时间	运动强度	主要能量代谢系统
0～6s	非常剧烈	ATP-CP系统
6～30s	剧烈	ATP-CP系统和糖酵解系统
30 s～2 min	高强度	糖酵解系统
2～3 min	中等强度	糖酵解系统和有氧氧化系统
>3 min	低强度	有氧氧化系统

当机体在不同的运动强度下完成各种动作时，会分别动员磷酸原（ATP-CP）供能系统、糖酵解供能系统和有氧氧化供能系统。需要强调的是，大强度运动中各能量代谢系统对能量供应的参与并非以一定的顺序出现，而是相互整合、协调，共同满足体力活动的基本器官肌肉对能量的需求。

一般来讲，任何运动形式，三种供能系统都会同时参与能量供应，但依运动模式、运动持续时间和强度不同，不同系统在总体能量代谢中所占的比例不同。高强度运动中，肌肉只需5～10 s即可达到最大功率输出，随后运动阻力逐渐降低，直至运动结束。研究表明，肌纤维中的ATP-CP供能系统运动1～2 s即可达到峰值，在10 s内降低75%～85%，并继续参与供能至20 s。糖酵解供能系统的ATP合成速率在5 s时达到峰值并持续数分钟。而有氧代谢则在运动30 s后可占能量供应的主导地位。

二、磷酸原供能系统

对于各种生命活动而言，正常条件下组织细胞仅维持较低浓度的高能化合物。这些高能化合物多数又以CP的形式存在。CP释放的能量不能被细胞生命活动直接利用，必须先转化为ATP。磷酸肌酸多储存于骨骼肌中，因此在运动开始阶段机体首先动员ATP-CP供能系统。

ATP-CP系统对爆发力项目至关重要。首个30 s的大强度剧烈运动可使CP消耗达到60%～80%，其中在12 s左右就可消耗70%。较长时间的大强度剧烈运动（400 m跑）可使其消耗达到89%。有训练的短跑运动员比速度较慢的短跑运动员的CP消耗率更高。CP消耗的越多，恢复至运动前水平的时间就越长。CP的恢复呈现为双相反应，表现为前期较快，紧跟着一个较慢的恢复过程。CP 的再合成也受到机体恢复方式（积极性恢复、消极性恢复）的影响。由于强度和运动量的不同，CP 的半衰期为 21～57 s，90 s 可恢复 65%，但经过 6 min 仍恢复不到 90%。其他一些影响 CP 合成的因素有肌肉 pH、ADP 水平、供氧量等。当肌肉 pH 降低时，CP 合成的半衰期将会延长。H^+ 可抑制 CP 的合成，延长恢复过程。用于 CP 合成的 ATP 通常源于有氧代谢，慢肌的 CP 恢复速度要快于快肌。对于力量训练和间歇训练，需要把握 CP 再合成的代谢动力学原理。如果休息时间不够，将导致 CP 恢复不充分，降低运动能力。

无氧训练可加强 ATP－CP 系统和腺苷酸激酶的积极适应。这种适应主要表现在三个方面：能源物质储备增加；酶活性的改变；抗疲劳能力增强。重复的高强度训练可通过"超量恢复"来增加肌肉内的 ATP 和 CP。一项早期的 MacDougall 分钟研究显示，在 5 个月的抗阻训练后（3～5 组，每组重复 8～10 次，组间间歇 2 min），肌肉 CP 增加 22%，肌酸增加 39%，ATP 浓度增加 18%。同样也有研究发现 5 周的抗阻训练提高了肌肉的 CP 含量，但也有研究显示没有增加。冲刺训练引起安静状态下肌肉 ATP 和 CP 不变或减少。短距冲刺项目（尽管 CP 在训练中减少得更快）与耐力项目运动员有相似的安静 CP/ATP 比率。安静状态下底物的增多对力量训练是非常有利的，不过对于冲刺训练影响不大。

训练也可引起酶活性的改变，所涉及的酶有两个：肌酸激酶（CK）和腺苷酸激酶（肌激酶）。早期的研究发现，抗阻训练可增强这两种酶的活性，尤其是在快肌纤维中。但是在酶活性发生改变的时候，肌肉体积的增大更重要。酶活性需要与肌肉总蛋白含量相比，在运动适应性肌肉肥大的过程中，酶的活性不变或减少。有研究发现，在肌肉肥大的过程中，CK 可能减少、增加或不变，腺苷酸激酶减少。力量举重运动员和奥林匹克举重运动员的腺苷酸激酶差不多，健美运动员更高。在 2～15 周的冲刺训练或爆发力训练后，腺苷酸激酶可能不变或升高达 20%。虽然优秀的短跑运动员能迅速动用 CP，但冲刺训练并没有改变 CK 的活性。在一项结合冲刺、爆发力和力量训练的长期训练（8 个月）后，CK 活性并没有发生明显变化。冲刺训练所引起的代谢适应并没有伴随 CK 活性的增强而增强。

三、糖酵解供能系统

糖酵解是在胞浆内分解糖来合成 ATP，是另一种无氧代谢系统。糖酵解系统可为长达 2 min 的高强度运动提供能量。它的 ATP 合成率不如 CP，但人体有更充足的糖原储备，因而可以维持较长时间的能量供应。

由于骨骼肌在几秒的收缩过程中即可将 ATP－CP 供能系统提供的能量消耗殆尽，且运动初期自主神经兴奋传导速度慢、激素调节水平低，摄氧量还不能达到并满足需氧量要求，此时机体处于缺氧状态。在三大营养物质中，只有糖能够直接在相对缺氧的条件下（不完全氧化）合成 ATP，因此在运动开始 20 s 后机体开始动员无氧糖酵解供能。

肌糖原是一种可迅速提供能量的糖，在运动前增加糖原的储备可提高机体长时间工作的能力。糖原可在运动初始阶段被迅速利用，并随强度的增大而呈指数性增加。人体平均含有 500 g 的肌糖原（为肌重的 1%～2%）和 80～120 g 的肝糖原。高糖膳食能增加对肌糖原的利用，而高脂膳食可能会节约肌糖原。在运动过程中，糖原的降解速率非常高。肝糖原降解可以维持血糖水平，也为肌肉提供葡萄糖来源。磷酸化酶分解糖原，引起糖原水解。这个糖原水解的量取决于运动强度、运动量、持续时间、休息间歇等。一些肌纤维发生糖原耗竭的现象，主要是因为募集了更多的快肌纤维。运动强度高于50%~60%最大摄氧量时，糖原是主要的供能物质。有氧训练或重复性的高强度无氧间歇训练（充分组间恢复间歇）所引起的糖原耗竭可引起肌肉疲劳。有氧训练所引起糖原的耗竭与肌纤维的募集有关，主要引起慢肌中糖原的耗竭，其次是快肌。力量训练引起的糖原耗竭主要发生于快肌，且存在强度依赖。训练有素者与未训练者的表现相似，力量训练可能引起30%~60%的肌糖原消耗。如果力量训练之前的肌糖原含量较低，可能会影响一些肌肉生长因子的表达。进行足够长距离的冲刺训练（较短间歇）时，糖原的耗竭率较高（尤其是在快肌纤维中），但糖原耗竭是并不是疲劳的主要原因。

肌糖原和肝糖原的恢复对机体非常重要。它涉及激素反应、肌细胞摄取葡萄糖、血液供应等众多因素，但最关键的还是糖的消耗程度。促进糖原合成的是糖原合酶，它在运动后被激活。糖原合成的早期非常迅速，后期合成速率降低。如果在有充足的糖供应的时候，即使肌肉损伤会减慢糖原的恢复，一般24 h左右即可恢复。训练可引起肌糖原的含量超过原先水平，即糖原的超量恢复。

训练可引起能源底物和酶活性的变化。以糖酵解供能为主的训练方式可引起糖原含量的增加。有氧训练可增加快、慢肌纤维中的肌糖原含量。稳定状态的有氧训练和高强度的间歇训练可使肌糖原含量增加。有一项近期的研究显示，6周的间歇性有氧训练（以90%最大摄氧量强度进行4 min运动，重复10次，间歇2 min）可使肌糖原含量增加59%。中低强度的有氧训练可节约肌糖原，主要是由于脂肪参与供能的比例增大。冲刺训练可能使肌糖原含量不变或增加，这取决于糖酵解系统在训练中的动员情况。长距离的冲刺训练（短间歇或中等间歇）要比短距离冲刺（长间歇）训练能更大程度刺激并增加肌糖原含量，因为其更依赖糖酵解系统供能。抗阻训练可使糖原含量增加达112%。健美运动员的糖原含量比未训练者高。伴有血流限制的轻负荷抗阻训练比没有限制的，肌糖原含量更高。

训练可使糖酵解酶活性减弱、不变或增强。冲刺训练可能使PFK活性增强（16%~49%）或不变，LDH活性增强（9%~20%），磷酸化酶活性增强（9%~41%）。有氧训练不能增强无氧代谢酶的活性，但有氧训练可以改变对能源物质的利用，如对脂肪的利用率高于糖。有氧训练（80%最大摄氧量强度）可减少对磷酸化酶的激活，并减少糖原分解供能，因而具有节约糖原的效应。训练有素者的糖原合酶活性更高。抗阻训练影响这些酶的活性，取决于使肌肉肥大的程度。以ATP-CP系统为主的抗阻训练方案（大负荷、低重复、长间歇）可能在肌肉肥大的过程中，伴随糖酵解相关酶的活性降低。在抗阻训练后，磷酸化酶的活性可能增强，PFK活性可能增强或不变，LDH活性可能会有轻微增强或不变，而己糖激酶可能增加。

肌肉缓冲能力的增强可以增强对酸中毒的耐受力。无氧训练可引起更高的血乳酸浓度，同时伴有运动能力的提高。增强缓冲能力可延长机体大强度运动的能力。训练有素者有更强的缓冲能力。在7~8周的冲刺训练后，肌肉缓冲能力可能增加16%~44%。抗阻训练可能减少的H^+累积，但是可能并不增加缓冲能力。

四、有氧供能系统

当机体运动强度小于无氧阈强度时，呼吸和循环系统的动员能够满足运动骨骼肌对氧的需求，有氧代谢开始占据主要供能地位，摄氧动力学曲线将呈平台分布，摄氧量最终稳定维持在某一水平。此时，三大营养物质都可参与有氧氧化，有氧氧化是绝大多数细胞主要的能量获取方式。即使是肌肉通过糖酵解生成的乳酸，最终仍需要在有氧氧化中彻底分解为二氧化碳和水。细胞在生命活动中首先以糖类作为有氧氧化的燃料，机体糖供应相对不足时再消耗脂肪，仅在糖及脂肪均相对不足时蛋白质才会作为有氧氧化的底物。

机体中存储的脂肪在需要时可迅速分解为甘油和脂肪酸，由血液送至各种组织供其使用。甘油主要在肝脏经磷酸化，再经三羧酸循环氧化供能；脂肪酸与辅酶 A 结合后，经 β 氧化分解为乙酰辅酶 A（CoA），再经三羧酸循环氧化分解成二氧化碳和水，同时释放出能量；脂肪酸也可在肝脏生成酮体后供其他组织氧化利用，是长期饥饿和超长时间运动的骨骼肌尤其是脑组织的重要能源。

当有充足的氧气供应的时候，有氧代谢系统大量参与供能。从某种程度上来看，"有氧"一词可能存在误导。只有在氧气能间接地帮助 ATP 生成时，氧气才具有作用。正常情况下，有氧代谢供能大部分来自糖和脂肪的氧化，较少来自蛋白质（除非能量摄入过低，或长时间的耐力运动）。氧化反应提供电子，而还原反应接受电子。氢的转运非常关键，氢原子可形成一种电势能，用于 ATP 的生成。氧化代谢发生在细胞内的线粒体。线粒体拥有载体分子，通过还原反应将电子从氢传递到氧，同时伴有 ATP 的生成。有氧代谢是中低强度运动的主要供能系统。安静状态下 70% 的供能源自脂肪的氧化，剩余 30% 来自糖。随着运动强度的增加，糖供能的比例增大。大强度运动主要由糖来供能。

五、不同训练方式的能量供应

尽管不同训练方式的能量供应具有各自的特征，但运动中不存在绝对的某一个单一能源系统的供能（图 3 - 1）。例如，100 m 跑是典型的速度型项目，要求迅速高输出功率的能供，磷酸原系统为首选能源，但糖酵解能系统在运动中仍占有一定比例。

就人体糖、脂肪、蛋白质三大能源物质在运动中的利用速率来比较，糖的利用速率最快，是一种非常经济的能源。一般运动开始时机体首先分解肌糖原，如 100 m 跑在运动开始 3 ~ 5 s 后，肌肉便通过糖酵解方式参与供能；持续运动 5 ~ 10 min 后，血糖开始参与供能，当运动强度达到最大摄氧量强度时，可达安静时供能速率的 50 倍；运动时间继续延长，由于骨骼肌、大脑等组织大量氧化分解利用血糖，而致血糖水平降低时，肝糖原分解补充血糖，其分解速率较安静时增加 5 倍。

脂肪在安静时即为主要供能物质，在运动达 30 min 左右时，其输出功率最大。脂肪的分解利用对氧的供应有严格的要求，因而通常在长时间的运动中，当肌糖原大量消耗或接近耗竭，氧供充足时才大量动用。

蛋白质在运动中作为能源供能时，通常发生在持续 30 min 以上的耐力项目。随着大学生耐力素质的提高，会产生肌糖原及蛋白质节省化的现象。

最大输出功率(瓦)

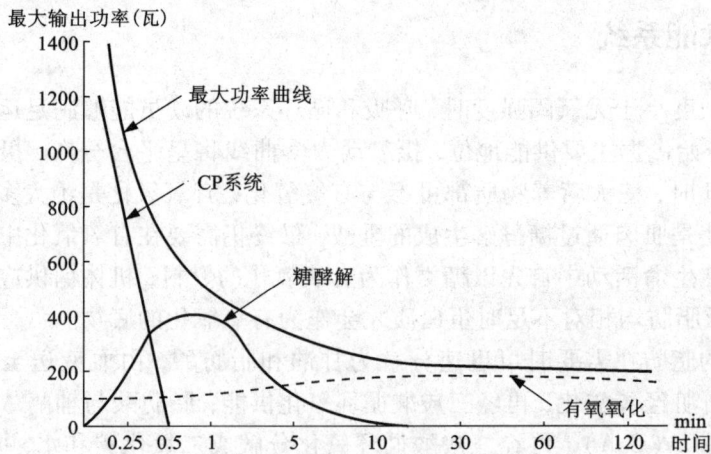

图 3 – 1　运动时间与最大输出功率及能源系统

(引自：Billeter 等，1992)

六、有氧能量代谢对机体的影响

有氧训练可增加机体的有氧代谢能力(最大摄氧量)。有氧训练可使肌纤维中毛细血管的的数量和密度增加达到15%。较多的毛细血管可带来更多的营养物质和氧气，这有利于增强脂肪的氧化代谢。有氧训练可使肌肉内线粒体数量和密度增加。耐力运动员的线粒体数量可能增加103%，线粒体的总量达到未训练者的3倍。慢肌中的肌红蛋白(肌肉中的一种可结合氧气的蛋白，并可将氧气转运至线粒体)含量最高，这对于肌肉耐力非常重要。有氧训练可使肌红蛋白含量增加80%。同时，有氧训练可以使 Krebs 循环、β－氧化、电子传递链相关酶的活性增强。有氧训练可增强琥珀酸脱氢酶(SDH)、柠檬酸合酶、细胞色素 C 氧化酶、丙酮酸脱氢酶等的活性。这些酶活性的增强标志着训练水平的提升，能改善对能源物质的代谢能力。有氧代谢可增加肌糖原含量，并在运动中具有节约糖原的作用。因此，耐力运动员利用脂肪供能的能力更强，耐力运动员的肌肉内甘油三酯含量更多、运动中的脂解作用加强、β－氧化相关酶的活性更强，因而可以在不管是安静还是运动的时候，均能更有效地利用脂肪代谢来供能。

七、无氧能量代谢对机体的影响

无氧训练(力量、冲刺、爆发力和灵敏性训练)对有氧能力的影响较小，能量的供应主要由磷酸原系统和糖酵解系统来提供。抗阻训练可增加肌纤维的毛细血管数量。健美和举重运动员比未训练者的毛细血管数量更多。但是毛细血管密度在一般的抗阻训练中并没有受到影响，相反在以增加肌肉为目的抗阻训练中反而会减少(毛细血管为肌纤维传递氧气的能力减弱，需要募集更多的肌纤维)。健美运动员的毛细血管密度比举重运动员的更高，但与未训练者差不多。虽然力量使女性运动员的线粒体体积变大，但抗阻训练可使线粒体密度减少达到26%。肌红蛋白在8周的抗阻训练后并没有明显变化，这可能有利于为肥大的肌肉保留更多的氧气。大多数的研究认为在抗阻训练过程中,Krebs 循环和电子传递链相关酶的活性不变或减弱。但是,也有一些研究发现柠檬酸合酶、苹果酸脱氢酶(MDH)、细胞色素氧化酶、β-氧化相关酶的活性增强。健美运动员比举重运动员的柠檬酸合酶和 β-氧化相关酶的活性更强。冲刺训练可能使柠檬酸合酶的活性增强、减弱或不变,SDH 的活性不变或增强。然而,大多数的研究认为长距离的冲刺训练可以增强有氧代谢酶的活性,而短距冲刺训练则不会。

八、高强度运动中的能量代谢问题

运动时的摄氧量随强度的增加而增加。当运动强度接近稳定状态时(1~4 min),摄氧量呈指数性增加,称之为摄氧量快速增加期。耐力运动员能比未训练者更快地达到稳定状态。在运动的开始,心肺系统并不能为机体提供足够的氧气,需要数分钟的时间后才能满足需要。这表明在运动的早期主要是由无氧代谢系统提供能量。需氧量与摄氧量之间的差值称为氧债。无氧训练的氧债比有氧训练更大,耐力运动员比未训练者和力量/爆发力项目运动员的氧债更小。稳定状态为摄氧量达到平台期,摄氧量满足了需氧量,并以有氧代谢供能为主。稳定状态可出现在不同的摄氧量水平,其取决于运动强度的大小。高强度运动(超过乳酸阈强度)时,摄氧量继续升高以满足机体需求,称为摄氧量慢速增加期。此时体核温度升高,通气量和快肌的募集均增加。

摄氧量在运动后仍保持较高水平,这取决于运动强度、持续时间,以及运动开始时所积累的氧债。低强度且运动时间较短的运动,运动后的摄氧量仅有轻微的升高。但是,较长时间的高强度有氧训练和无氧训练会引起运动后的摄氧量仍较高。运动后恢复期超过安静水平的氧气消耗,称为运动后过量氧耗(EPOC),或称为氧债。EPOC 由一个快速阶段及一个紧随其后的慢速阶段构成。快速阶段为恢复期最初数分钟的摄氧量恢复过程,而慢速阶段可能延续到运动后的 24 h 才恢复至正常的摄氧量水平。慢速阶段的时长取决于运动强度和持续时间。运动后心肺功能仍保持较高水平,因为机体需要更多的氧气来合成 ATP 和 CP、氧化乳酸、乳酸糖异生合成糖原、肌红蛋白复氧、恢复血液及组织的氧气浓度和无机离子浓度等。由于存在自主神经和一些激素反应(如儿茶酚胺、甲状腺素、糖皮质激素、生长激素等)的延迟效应,机体的产热过程仍在加强,体温仍保持较高水平。EPOC 引起机体更多的能量消耗,这对于减脂或体重控制而言非常重要。

九、力量训练的能量代谢问题

力量训练过程中和结束后均能增加摄氧量。以下因素会影响到这个过程。

大肌群参与的训练要比小肌群的摄氧量更大。下肢的力量训练引起的代谢反应可能会使摄氧量达到 60% 的最大摄氧量,这表明传统的抗阻训练对提高最大摄氧量的作用比较有限。

摄氧量与动作速度有关。有一项研究显示,中速或慢速动作比快速动作的摄氧量更高。还有一项研究显示,负重蹲起(60%1RM)时,暴发式完成(7.3 kcal/min, 1 kcal = 4185.85 J)比 2 s 完成(6.4 kcal/min)的能耗更高。

摄氧量:高负荷(80%~90%1RM)> 中等负荷(60%~70%1RM)> 低负荷(20%~50%

1RM）。

高重复次数比低重复次数的摄氧量更高，多组高于单组训练。

短间歇的摄氧量高于长间歇。长间歇由于缺乏连续性，代谢反应受到限制，影响摄氧量的增加。

摄氧量和能耗并不受运动次序的影响。但是，较快完成的训练会比较慢完成的摄氧量要低。

训练方案中的一些参数会对代谢产生影响。中高强度、每组较高重复次数、大肌群参与、短间歇的力量训练可以明显增加摄氧量。循环抗阻训练能迅速增加摄氧量，提高最大摄氧量水平。同样的现象也可以在多组训练、低负荷、短间歇的耐力训练中看到。力量和爆发力训练的摄氧量增加较少，主要是由于间歇时间长，重复次数少。对于减脂和增加肌耐力而言，采取较高代谢的训练非常重要。

力量训练可以明显提高男子和女子的 EPOC 水平，可能比有氧训练的幅度更大。女子进行循环抗阻训练的 EPOC 比无氧训练更高。产热更多、激素反应更强、糖原消耗更多、乳酸浓度更高，以及 pH 降低、心肺功能增强均能明显提升 EPOC。抗阻训练后 EPOC 的表现具有双相特点，即在运动结束后 1 小时内的快速阶段和紧接着的慢速阶段。这种效应可能持续到运动 48 h 后，尤其是当蛋白合成增加和肌肉损伤发生时。一次产生了运动损伤的力量训练，它的 EPOC 现象甚至可以持续到运动 72 h 后。力量训练可增加当天的整体能耗水平。Binzen 等人的研究显示，女性在训练后的 EPOC 增加 18.6%，脂肪氧化代谢更强，且一直持续到运动 2 h 后。但是，尽管将 EPOC 考虑在内，总的净能耗仍有可能被低估。

十、减脂训练的能量代谢问题

过高的身体脂肪比例会降低大学生的运动能力，对膝关节和腰部产生更大的负担。对身体脂肪比例过高的大学生应该首先进行减脂训练。减脂涉及饮食和运动。能耗的消耗必须超过摄入量，达到能量负平衡。基础代谢率是减脂训练中需要考虑的一个重要因素。

基础代谢率（BMR）指的是维持身体基本生理活动的最低能耗。BMR 和基础代谢的调节与身体脂肪的燃烧和体重控制密切相关。随着年龄的增长（尤其是多静少动的生活方式），BMR 每十年减少 2% ~ 3%。人体一天总的能量消耗由静息代谢率（restingmetabolic rate，RMR，占 60% ~ 75%）、身体活动（15% ~ 30%）和食物热效应（10%）所构成。RMR 是人体休息时的通耗，在某种程度上与 BMR 相似。但 RMR 的测量不需要在严格的条件控制下进行，如不需要 12 h 的禁食和 8 h 的睡眠。影响 BMR 的任何一个因素，都可以增加机体的能耗，从而引起更多热量的消耗。BMR 受到如下因素的影响。

体重越大，BMR 越高，瘦体重（lean body mass，LBM）与 BMR 高度相关。这也就是为什么抗阻训练可以增加 BMR，又可以减少体脂的原因。24 周的抗阻训练可使 RMR 增加 9%，男子的效应比女子更高。瘦体重每增加 1 b（1 b = 0.4536 kg），可引起 RMR 增加 7 ~ 10 kcal/d。在限制饮食的情况下，抗阻训练可能或不能增加瘦体重。因为不同性别的体重存在差异，男子的 RMR 比女子高 5% ~ 10%，脂肪组织的代谢活性不如肌肉组织，所以较高的体脂会给 BMR 带来负面影响。

有规律的运动可以增强 BMR，这取决于运动强度、运动量、持续时间及动员的肌肉等。

有氧训练和抗阻训练可使 RMR 增加 8% ~ 10%。运动员的瘦体重比未训练者更高，其 BMR 也更高。阶梯式地结合有氧和无氧的训练方案可以明显提升 BMR。

机体对食物的消化、吸收与对营养素的同化过程，以及摄取时自主神经系统的激活均能增加 BMR 水平。食物热效应在进食 1 h 后达到峰值水平。食物中的蛋白成分越高，引起的 BMR 也将越高。这可能有利于抗阻训练后肌肉蛋白合成代谢的增强。高蛋白食物(相对糖和脂肪摄入的比例)可增加饱腹感和能耗。动物性蛋白和乳清蛋白比其他蛋白质(大豆)引起的食物热效应更强，被认为能更大程度地引起与饥饿感有关的激素分泌，影响饱腹感。高蛋白食物可以通过上调解偶联蛋白来增加这种热效应。在进食后所进行的运动可以增加 BMR，这表明运动可以进一步增强食物热效应。进食后进行中低强度的运动可能对那些想控制体重的人更有利。

暖的环境可使 BMR 水平更高。在暖和环境中进行运动可使氧耗增加 5%，热环境中体核温度更高，有更多的生理性排汗，这将刺激 BMR 水平的升高。冷环境也能刺激 BMR 水平的升高。机体颤抖产热，BMR 水平升高以适应冷环境。

低热量膳食具相反的效应。热量摄入的减少可引起 RMR 水平降低，导致体重增加。应激反应和激素的动员均能增加 RMR 水平。儿茶酚胺和甲状腺素能引起 BMR 水平的升高。代谢过程所涉及的激素控制也对其影响较大，但它受到遗传、膳食、应激水平、体力活动等的影响。

饮食需要做到平衡膳食，摄入足够的主食和充分的水分(每天至少 8 杯水)。每天的总能摄入中，55% ~ 60% 由糖提供，至少 15% 来自蛋白质，脂肪(主要是不饱和脂肪)不能超过 25%。要注意提高 BMR，如少吃多餐、摄取比 RDA 更高的蛋白、晨练、不吃蔗糖等。可进行有氧训练，增加脂肪的氧化代谢和 EPOC。力量训练可以提高瘦体重，增加 BMR 和全天的能耗水平。力量训练也像无氧训练一样，可增加 EPOC 水平，进而增加较多的能耗水平。无氧训练结合力量训练可进一步减少体脂。中高运动量(多组训练，每组至少重复 10 ~ 12 次)、中高强度、短间歇的全身性身体训练，可以明显减少体脂。科学地降体脂(不是节食)是一个相对较慢的过程，但对体脂的影响更为深刻和持久。

第四章

体能训练的生物力学基础

运动生物力学是应用力学原理和方法研究生物体的外在机械运动的生物力学分支。狭义的运动生物力学研究体育运动中人体的运动规律。按照力学观点，人体或一般生物体的运动是神经系统、肌肉系统和骨骼系统协同工作的结果。神经系统控制肌肉系统，产生对骨骼系统的作用力，完成各种机械动作。运动生物力学的任务是研究人体或一般生物体，在外界力和内部受控的肌力作用下的机械运动规律。在运动生物力学中，神经系统的控制和反馈的过程，可以简明的控制规律代替肌肉活动，简化为受控的力矩发生器；作为研究对象的人体模型可忽略肌肉变形对质量分布的影响，简化为由多个刚性环节组成的多刚体系统。相邻环节之间，以关节相连接，在受控的肌力作用下，产生围绕关节的相对转动，并影响系统的整体运动。在训练实践中，运动生物力学主要用于确定各专项体育运动的技术原理，作为运动员的技术诊断和改进训练方法的理论依据。

一、骨杠杆的生物力学基础

在生物运动链中，环节绕关节轴的转动，其功能与杠杆相同，称为骨杠杆。运用杠杆原理对运动进行分析，是运动力学研究的重要方法之一。有关杠杆力学的基础概念如下。

支点：杠杆绕着转动的轴心点；在肢体杠杆上，支点是关节的运动中心。

力点：动力作用点，在骨杠杆上力点是肌肉的附着点。

阻力点：阻力杠杆上的作用点，是指运动阶段的重力、运动器械的重力、摩擦力或弹力以及拮抗肌的张力，韧带、筋膜抵抗牵张力的力等所造成的阻力；它们在一个杠杆系统中的阻力作用点只有一个，即全部阻力的合力作用点为唯一的阻力点。

力臂：从支点到动力作用线的垂直距离。

阻力臂：从支点到阻力作用线的垂直距离。

力矩（M）：力对物体转动作用的量度；人体的各种运动多是肌肉的拉力矩作用于相应环节，使之围绕关节轴转动而实现的；肌力的测定和训练一般是就肌力矩而言的。

阻力矩：阻力和阻力臂的乘积。

（一）杠杆的分类

根据骨杠杆中支点、力臂和阻力臂的分布位置关系，可将杠杆分为平衡杠杆、省力杠杆和费力杠杆(速度杠杆)。

平衡杠杆的其支点位于力点和阻力点中间,主要作用是传递动力和保持平衡,既产生力又产生速度(图4-1)。在人体中这类杠杆较少。

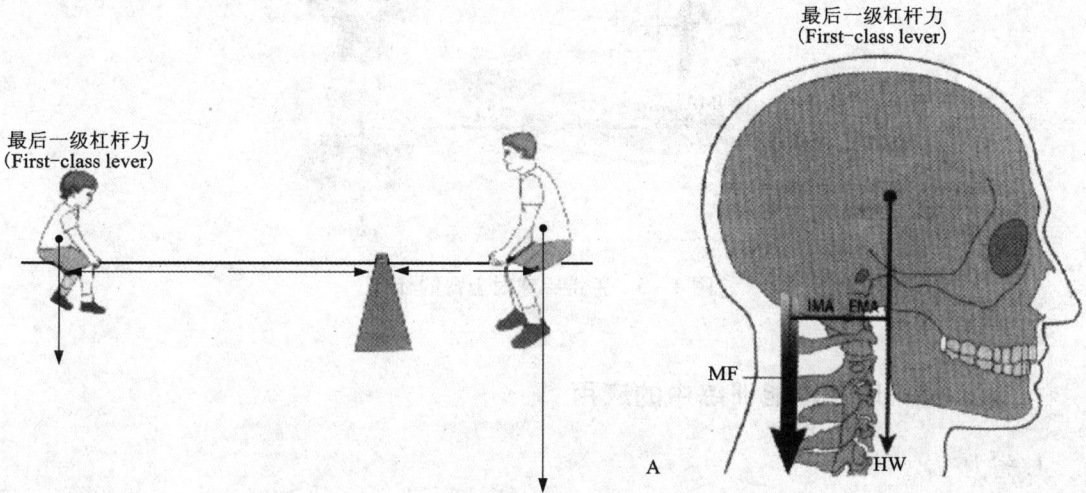

图4-1　平衡杠杆

省力杠杆的阻力点在力点和支点的中间,其力臂始终大于阻力臂,可用较小的力来克服较大的阻力(图4-2)。

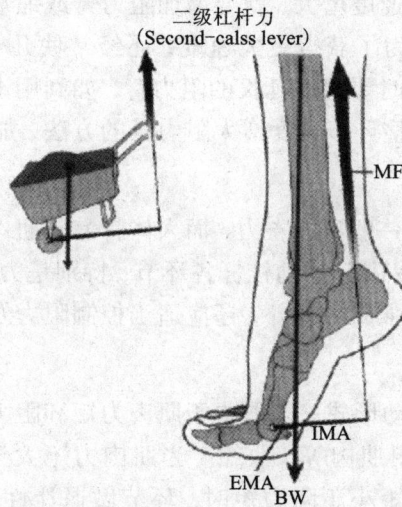

图4-2　提踵足尖站立时足的杠杆

费力杠杆(速度杠杆)的力点在阻力点和支点的中间,此类杠杆在人体四肢上最为普遍。此类杠杆因为力臂始终小于阻力臂,动力必须大于阻力才能引起运动,特别是人体四肢此类杠杆的阻力臂远远大于动力臂,肌肉动力必须远远大于阻力才能引起环节运动,故称费力杠杆,由于此类杠杆可使阻力点获得较大的运动速度和幅度,故又称速度杠杆(图4-3)。

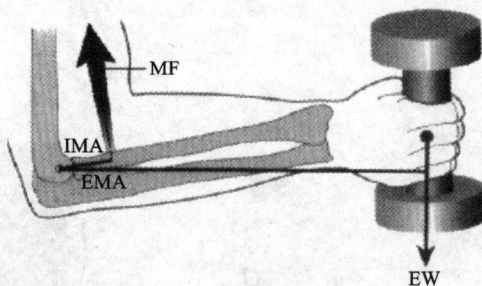

图4-3 手持铅球时上臂的杠杆

(二)杠杆原理在体能训练中的应用

1.省力

要用较小的力去克服较大的阻力,就要使力臂增长或缩短阻力臂。在人体杠杆中肌拉力的力臂一般都短,可以通过籽骨、肌在骨上附着点的隆起等来延长力臂。提重物时,使重物靠近身体可以缩短阻力臂而省力,举重的技术关键就是让杠铃尽可能地贴近身体。

2.获得速度

许多动作不要求省力,而要求末端环节获得较大的运动速度和运动幅度,如投掷、踢球等。为使阻力点移动的幅度和速度增大,就要增加阻力臂或缩短力臂。人体四肢杠杆中大多数虽是速度杠杆,但在运动中为了获得更大速度,还经常使几个关节组成一个长的阻力臂,如掷铁饼就先要伸展手臂。有时要附加延长的阻力臂,如利用击球棒和球拍的杆来延长阻力臂。在体能训练中,可通过调整环节角度增大阻力臂的方法,加大对肌肉刺激。

3.防止损伤

从杠杆原理可知速度杠杆一般不能省力,而人体骨骼与肌肉组成的杠杆大多属于速度杠杆,所以阻力过大的时候,容易引起运动杠杆各环节,特别是力点和支点,即肌腱、肌止点以及关节的损伤。除通过训练增强肌力以外,还应适当控制阻力及阻力矩。

4.调整负荷

人体在运动中,环节的运动形式一般取决于肌肉力矩和阻力矩的关系。当肌肉力矩等于阻力矩时,环节做静力性工作,肌肉等长收缩。当肌肉力矩大于阻力矩时,环节做克制性工作,肌肉向心收缩。当肌肉力矩小于阻力矩时,环节做退让性工作,肌肉离心收缩。因此,在体能训练过程中,教练员可以通过调整力臂和阻力臂的长短来调整肌肉的负荷。

二、生物运动链的生物力学基础

人体完成的运动动作是在神经系统的支配下,在其他器系的共同参与下,由运动器系来实现的。把运动器系抽象为人体简化模型，这个模型称作生物力学系统。人体各环节可动性连接，两个或两个以上的生物运动偶串联式的连接构成生物运动链。在生物运动链中，肌肉是运动的主动部分，骨构成运动的杠杆，关节是运动的枢纽，它们共同传递着力和运动。

（一）生物运动链的类别及其特点

生物运动链根据其结构特点可分为开放链和封闭链两种。末端为自由环节的生物运动链称为开放链。开放链每个环节都能发生独立运动，从整体的运动行为来看，是许多关节的同时运动或继时顺序运动，但它并不排除一个关节独立运动的可能性。例如，手和前臂两个环节在桡腕关节处构成一个运动偶，前臂和上臂在肘关节处构成一个运动偶，上臂和肩带在肩关节处又构成一个运动偶，这三个运动偶串联成为一个运动链。远端的手成游离状态，构成终末自由环节，这些环节既可以单独地进行运动，也可以同时或继时地进行运动。

无自由环节的生物运动链称为封闭链，是指运动链的两端互相连接在一起，或终末自由环节同其他物体相约束而形成封闭状态。封闭链中每个环节均加入两个运动偶。封闭链中，一个关节的独立运动是不可能的，即环节运动是相互牵连的。例如，肋骨同脊柱和胸骨连接构成胸廓，就是典型的封闭链。又如，双脚支撑或双臂悬垂也都构成封闭的运动链。在这种情况下，一个环节的运动必然引起另一环节乃至若干个环节的连锁运动。

在开放链中，各关节中的任何一个运动都影响着远端各环节的运动轨迹，以及运动的速度和加速度等。只要终末自由环节直接或间接地同其他物体发生约束，即形成支撑或抓握状态，那么，开放链就可以变为封闭链。

（二）生物运动链运动的特点

关节的构造特点决定环节不能做单方向的无限制的转动，而只能作往复转动或以关节为中心的圆锥运动。

生物运动链的几个环节绕关节轴的转动，可使末端环节作圆弧形运动或平动。平动是生物运动链中几个环节绕相应关节轴转动合成的结果。例如，拳击的出手动作，跑的蹬地动作或往复拉锯动作等等。生物运动链中，运动可以由一个环节向另一个环节传递，即各关节中间几个环节的运动可以合成为运动链末端的合运动。肢体的摆动动作和鞭打动作都属于这一类动作。

在开放式生物运动链中，由于自由度较高而构成运动的多样性。各个关节中的每一个运动都影响着远端各环节的运动轨迹、速度和加速度。所以在运动训练过程中，多个关节的动作必须协调一致，才能保证生物运动链的运动轨迹的准确性和运动速度的平稳性。

（三）生物运动链的动力学

肌肉跨越关节收缩时肌力作用线不通过关节中心，肌力可分解为沿着环节纵向的法向分力和垂直于环节纵轴方向的切向分力，法向分力起着加固关节的作用，切向分力对关节中心产生力矩。环节的重力和外界的阻力也对关节产生力矩。一般跨越同一关节的有多块肌肉，这些肌肉收缩时的力矩与环节重力矩和外界阻力矩的合力矩决定运动链的运动状态，使环节转动的角速度变化或保持一定的关节角度。

（四）生物运动链中肌肉群的工作

生物运动链中，关节周围的肌肉共同组成功能群，发生功能作用。肌肉对关节的固定和解除固定，使生物运动链中活动环节的数量发生变化。整个生物运动链可以变成一个环节，可以使运动发生于部分关节中，也可以使运动链中的所有关节都发生运动。此外，肌群的工作保证了生物运动链中各环节运动的规定方向，调节它们的运动速度，并通过制动而限制运动的幅度，实现动量矩的传递。

生物运动链中的肌群在动态中形成的肌协作，保证了在复杂的规定动作中肌肉工作的稳定组合，能根据运动的任务来控制每一个环节，这就是动作的协调。当然，对肌协作的监督和控制是靠神经系统的主导作用。

若干块肌肉跨过某个关节的某一个旋转轴工作时，这些肌肉的拉力矩的总和，就是这一肌群对此旋转轴的合力矩。在运动中，就一块肌肉来说，随着拉力角的变化，拉力也要变化，因此拉力矩也是变化的。就一群肌肉来说，它们的起止点以及与关节轴的距离各不相同，拉力角也不同，随着开始姿势的改变，在动作的不同时期，参加工作或退出工作。因此，一般情况下合力矩不是一个常数，只有在一定的姿势时，掌握每一块肌肉的具体工作条件，才可能求得合力矩。生物运动链中的多关节肌的工作更为复杂，它们约束着几个关节的运动，因此，在完成动作的过程中需要精确地控制。

（五）生物运动链运动的特点

（1）运动链灵活性的大小，取决于运动链内关节数量的多少。如果组成两个关节之间的骨是很短的，环节的灵活性就大，所以人类的四肢，越到末端，骨越短小，关节的数量越多。

（2）在一个开放式生物运动链中，自由度可以叠加，如果能叠加成六个自由度，就能接近一个自由刚体。例如，肩关节有三个自由度，肘关节有两个自由度，桡腕关节有两个自由度，它们叠加起来超过了六个自由度，因此，手的活动范围可以做到以肩关节为支点，以上肢之长为半径的任意一点上。

（3）在一个封闭式生物运动链中，一个环节不能单独地运动，一个环节的运动必然要引起另一个环节的运动。因此，如果运动链中的一个关节被固定，其他关节的运动也必定会受到限制。

对人体和人体环节的运动自由度的研究，除了要了解各环节运动的可能性以外，还要评定运动的质量和效果，预见运动联系的可能和极限，避免不应有的运动损伤的出现。

三、骨骼的生物力学特征

（一）骨对简单（单纯）外力作用的反应

根据外力作用的不同，人体骨骼的受力形式可分为拉伸、压缩、弯曲、剪切、扭转和复合载荷几种形式（图4-4）。这些载荷会在骨内产生拉应力、压应力和剪应力，相应产生拉应变（伸长）、压应变（缩短）和剪应变（截面错位），对骨的结构造成不同的影响。

应力：在物体某一截面上单位面积所受的力，包括正应力和剪应力两种。

应变：描述受载物体结构的物理量，包括单位长度的变化与结构单元体角度的变化，长度变化称为线应变，角度的变化称为剪应变。

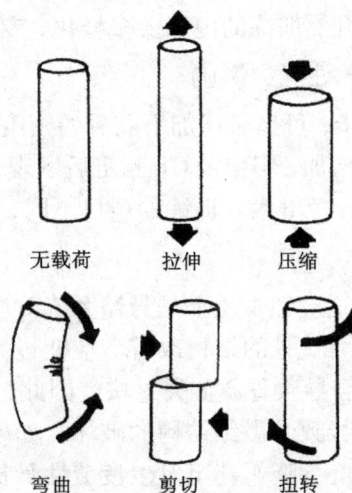

图4-4　骨的受力形式

拉伸载荷：自骨的表面向外施加相等的反向的载荷，在骨的内部产生拉应力和拉应变。例如单杠悬垂时上肢骨的受力。

压缩载荷：加于骨表面的向内的反向的载荷，在骨的内部产生压应力和压应变。例如举重举起后上肢和下肢骨的受力。

弯曲载荷：使骨沿其轴线发生弯曲的载荷。在弯曲载荷下，骨骼内不同时产生拉应力（凸侧）和压应力（凹侧）。在最外侧，拉应力和压应力最大，向内逐渐减小，在应力为零的交界处会出现一个不受力作用的"中性轴"。例如负重弯举（杠铃）时前臂的受力。

剪切载荷：一对大小相等，方向相反，作用线相距很近的力的作用，有使骨发生错动（剪切）的趋势，在骨骼内部的剪切面产生剪应力。例如人体运动小腿制动时，股骨髁在胫骨平台上的滑动产生剪应力。

扭转载荷：骨骼受到外力偶的作用而受到的载荷，在骨的内部产生剪应力。例如掷铁饼出手时支撑腿的受力。

复合载荷：同时受到上述两个或两个以上的载荷作用。在人体运动中，受到纯粹的上述某一种载荷的情况很少见，大量出现的是复合载荷。

（二）运动对骨的力学性能的影响

运动对骨的影响，也就是骨对特定环境下力的变化的功能适应性的表现。从生物力学的角度来看，经常进行运动训练或体育锻炼，相当于营造一个新的骨的受力环境。根据骨的功能适应性原理，骨不仅在一些不变的外力环境下能表现出承受负荷的优越性，而且在外力条件发生变化时，能通过内部调整，以新的结构来适应新的外部环境。

1.体能训练对骨的力学性能的良好影响

长期坚持体能训练，可使骨密质增厚，骨变粗，骨面肌肉附着处突起明显，骨小梁根据拉(张)应力和压应力的方向排列更加整齐而有规律。这是由于骨的新陈代谢加强,骨的血液循环改善,从而在形态结构上产生的良好结果。随着形态结构的变化,骨变得更加粗壮坚固,抗弯曲、抗压缩和抗扭转载荷的能力提高。当运动训练停止后,骨所获得的变化就会慢慢消失。因此,体能训练应经常化,训练的内容要多样化,专项训练要与全面训练相结合。

2.不同运动项目对骨的力学性能的影响

研究显示,负重运动,如跑步,可显著增加下肢骨的密度,而对非负重的前臂则无影响。网球运动员击球,臂骨投射密度增加,用定量 CT 测定后发现,运动训练主要是使松质骨结构密度增加,能有效使骨壁增厚,骨径增大。训练的项目不同,对人体各部分骨的影响也不同。

3.适宜应力原则

骨骼对体能训练的生物力学适应性本质上是骨骼系统对应力的应变。有利的运动负荷及强度导致的骨应变会诱导骨量增加,骨的结构改善。应变过大则会造成骨组织微损伤,出现疲劳性骨折;应变过小或废用则会导致骨质流失过快。因此,骨存在一个合适应力范围。

周期性超强度运动训练可能导致骨微细结构的破坏。如果这些骨的微损伤随时间不断累积,得不到改建修复会导致骨强度下降。甚至发生疲劳性骨折,研究表明过量运动会抑制骨的形成。研究已证实骨骼废用使骨密度下降和骨结构受损的速度远比运动训练对骨的有益影响快得多,而且恢复困难且时间长。一旦发生由于上述原因造成的骨质快速流失,如何制订有效的以运动为主的康复训练计划亟待研究。

4.疲劳性骨折

骨的受载形式的多样性决定了骨折损伤发生的复杂性。疲劳性骨折是一种在运动中常见的低应力性骨折。当骨受低重复载荷作用时,常可观察到性疲劳性细微骨折。疲劳性骨折的产生不仅与载荷的大小和循环次数有关,而且还与载荷的频率有关。一般情况下,持续性的运动活动先是引起肌肉疲劳。当肌肉疲劳后,肌肉收缩力降低,从而改变了骨的应力分布,使高载荷出现。随着循环次数的增加,可导致疲劳性骨折。

疲劳性骨折是运动训练中常见的骨损伤,一般多发生于持续的运动中。如竞走、长跑运动员胫骨的损伤,是由于运动过程中跟骨着地时地面的反作用力对胫骨的作用负荷,在胫骨前壁形成拉伸载荷作用,高频率的机械刺激产生胫骨的损伤。

预防疲劳性骨折首先要避免长时间高频率的单一训练,特别是长期在骨的力学性能差的负载形式下反复承载,这一点对于青少年尤为重要。由于他们的骨骼尚未完成发育,正处在发育旺盛阶段,无机盐较少,骨的力学强度远不如成人,所以容易发生疲劳性骨折,如胫、腓骨骨膜炎,甚者导致胫、腓骨末端骨折。另外大学生在长距离跑步训练时应尽量避免长期穿硬底鞋,并避免在水泥、柏油等较硬的路面反复跑跳。

四、关节的生物力学特征

关节是骨与骨连接成"链"结构的枢纽,为骨的杠杆作用的实施提供支点,是实现多关节联动,完成人体复杂运动表现的结构基础。关节的基本功能是传递人体运动的力和保证身体各部分间的灵活运动。明确力在各种关节中的传递方式以及关节的运动特点是关节生物力学的主要目标。

(一)关节稳定性

1.关节面形状

相应关节面的吻合及其差异程度,影响关节的稳定性与灵活性。如髋关节的股骨头关节面与髋臼关节面的角度值均在180°左右,所以很稳定;而肩关节的肱骨头关节面角度值约为135°,关节盂的角度值仅有75°左右,故稳定程度比髋关节低,而运动的灵活性较髋关节要高。

2.韧带强弱

韧带不仅是骨与骨之间的连接结构,而且也是动态活动关节的重要稳定结构。韧带对关节在一定方向上的加固与活动起着作用,对关节的活动保持在正常的生理范围内有着重要的意义。韧带的限制作用在加固关节的同时,也影响着关节的灵活性,关节运动超出其限制的范围,会导致关节韧带的损伤。

3.肌肉力量

肌肉既是运动关节的动力,同时又是运动中维持关节稳定的重要因素。肌肉收缩力在产生关节运动的同时,也对关节产生加固力量,以对抗外力对关节的牵拉作用(图4-5)。

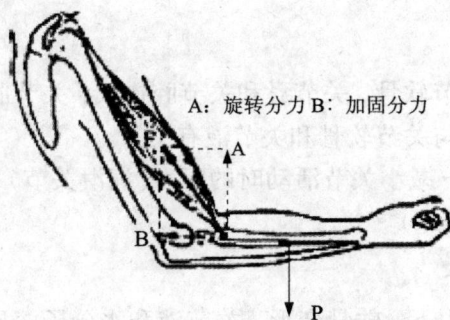

A:旋转分力 B:加固分力

图 4-5　肌肉力量对关节的作用

4.关节负压

由于关节内压低于关节外的气压,关节内外的压差在维持关节稳定性方面也有着重要的意义。

(二)关节的力和力矩

关节的存在使骨的杠杆作用得以实现,而提供骨杠杆转动的力、力矩可来自多方面,如承载的负荷与环节重量、关节韧带牵拉、肌肉收缩力等。力的作用对关节所产生的运动效应不仅取决于施力的大小、方向和作用点,还取决于关节的运动方式与状态。因此,对关节的力和力矩的认识,一方面要考虑环节运动的形态、姿位及与外力之间的相对关系,另一方面还要充分考虑肌肉拉力线的变化对肌力矩的影响及各功能群之间的相互影响与作用(图4-6)。

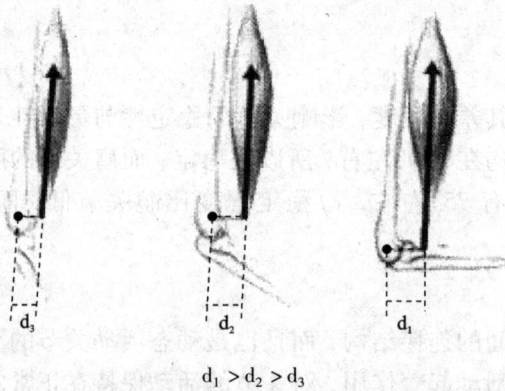

$$d_1 > d_2 > d_3$$

图 4-6　肘关节不同角度对肱二头肌力矩的影响

外力矩不仅来自环节本身的重量，还有外界作用负荷等。外力矩对环节运动的影响主要取决于环节运动与外力方向之间的相对关系，同时外力矩还影响着关节运动肌群的工作性质与状态。人体结构的特征是肌肉附着点都在关节附近，因此，肌肉都具有较小的力臂和较小的肌拉力角，一个小的外力（或负荷）作用，就可能需要很大的肌力来平衡。

（三）关节的润滑机制

关节主要由关节面及关节软骨、关节囊和关节腔构成，关节腔中充满了起润滑作用的关节液。关节的润滑机制主要与关节软骨和关节液有关。

关节软骨的主要功能是：减小关节活动时的阻力（润滑关节），减小关节面负载时的压强（适应关节面），减轻震动（缓冲）。

1. 渗透性

实验表明，在恒定的外力下，软骨变形，关节液和水分子溶质从软骨的小孔流出，形变引起的压力梯度就是引起关节液渗出的驱动力。

2. 黏弹性

关节软骨和关节液具有黏弹性（非线性）的特点，其力学性质与温度、压力等外部环境的关系极为密切。

3. 时间—形变关系

关节软骨和关节液作为一种黏弹性体，对外部载荷作用的快慢十分敏感，即其形变与外力的作用速度有关。例如，关节软骨的形变是由于液体的流出，关节软骨受到挤压的速度越快，液体流出小孔的阻力也就越大，关节液就越不容易流出；而速度越慢，关节液越容易流出。测量结果表明，当外力作用的时间在 1/100 秒左右时，关节液是同时具有流动性和弹性的黏弹性体，像橡皮垫一样，缓冲关节面之间的碰撞；当作用时间大于 1/100 秒时，关节液像润滑液一样，使关节灵活运动。如果外力作用的时间很短，例如达到 1/1000 秒左右时，关节液不再表现为液体或弹性体，而是呈现出"固体"的特点，对碰撞时的冲力不再起缓冲的作用。打球时手指的挫伤往往就是这样造成的。

4. 关节润滑机制

界面润滑：依靠吸附于关节面表面的关节液（润滑液）分子形成的界面层润滑。

压渗润滑：当关节在高负荷条件下快速运动时，关节软骨内的液体被挤压渗出到临近接触点、面周围的关节间隙，此时关节面软骨表面之间的液膜由压渗出的组织液和原有的滑液组成。这种机制能够有效地保存关节液及其位置，对抗外力，所以也称为流体动力润滑。

（四）运动对关节力学性能的影响

1. 适宜的运动训练对提高关节负载能力和减小摩擦阻力的影响

系统的运动训练可以使骨关节面骨密质和关节面软骨增厚，从而能承受更大的负荷，并增强关节的稳固性。适宜的运动训练可以使关节滑液量增加，有助于减少关节运动时的摩擦力。此外，适宜的运动训练还可以使一些辅助结构（如关节肌腱、韧带）增粗，肌肉力量增强，在骨附着处的直径增加，提高关节的稳定性和动作力矩。

2. 过当运动训练对关节组织结构性能的影响

膝关节半月板撕裂就是典型的突然受到压缩—扭转复合载荷的结果。其原因是，当膝关节伸直时半月板被股骨髁推挤向前；膝关节屈曲时，半月板则向后移动。膝关节半屈曲做小腿外展外旋或内收内旋时，两侧的半月板位于一前一后，若动作突然，半月板来不及滑移，就会使半月板在股骨髁和胫骨平台之间发生强烈的研磨，引起各种类型的损伤。因此，当膝关节屈曲，小腿固定于外展、外旋位，大腿突然内收、内旋并伸膝时，就可能造成内侧半月板撕裂。相反，当膝关节屈曲，小腿固定于内收、内旋位，而大腿突然外展、外旋并伸膝时，就会造成外侧半月板撕裂。此外，膝关节突然猛力过伸，使半月板前角受到挤压，如足球正脚踢球时"漏脚"，会造成半月板前角损伤。因此，体能训练动作姿态和动作模式的正确性是预防运动损伤的关键。

五、骨骼肌的生物力学

肌肉（骨骼肌）是人体运动系统的动力器官。肌肉不但可以被动地承受载荷，而且具有自主收缩的能力，可以能动地将化学能转化为机械能。认识肌肉多功能群协同有序的活动是体能训练师应掌握的重要内容，也是防止运动损伤必备的基础知识。

（一）骨骼肌的力学特性

骨骼肌的收缩发力不仅受到结构、神经生理因素的制约，也受到肌肉收缩形式、身体姿位、收缩速度等因素的影响。另外肌肉不同工作状态下的"张力—长度"关系、"张力—速度"关系，肌肉不同工作状态的功率特征及人体运动过程中的"神经—肌肉"控制特点，也是骨骼肌运动生物力学的重要内容。

1. 骨骼肌力学模型

肌肉的力学性质十分复杂，它与构成肌肉各成分的力学特性，以及肌肉的兴奋状态和疲劳有关。肌肉结构力学模型是在已有的肌肉力学性质研究基础之上结合肌肉的结构特征对肌肉进行抽象化的模型。模型如图 4-7 所示，由三个元素串、并联组成。

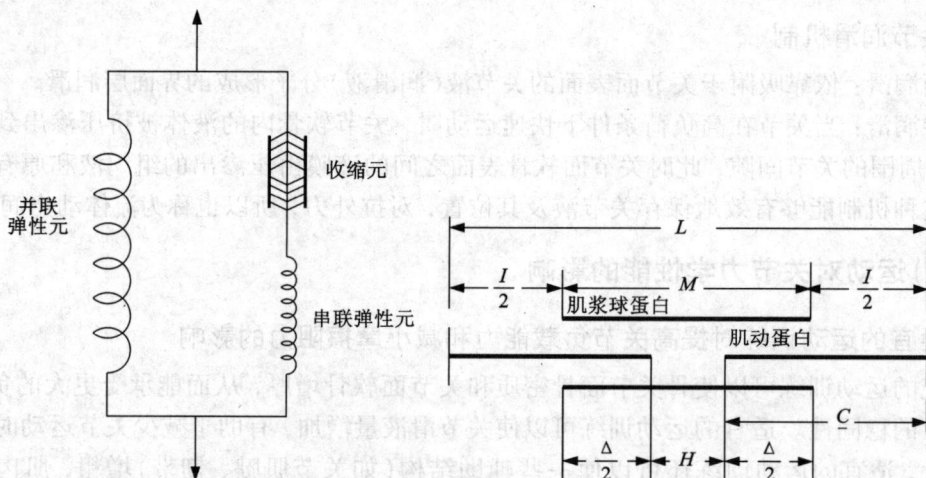

图4-7 骨骼肌的三元素功能模型及诸元素的几何表示

收缩元,代表可以相对滑动的肌浆球蛋白和肌动蛋白纤维丝,其张力与它们之间的横桥数目有关。松弛状态下,张力为零。

串联弹性元,表示肌浆球蛋白纤维、肌动蛋白纤维、横桥、z 线以及结缔组织的固有弹性,假设它是完全弹性体。

并联弹性元,表示与收缩元并行排列的肌束膜及肌纤维膜等结缔组织。当被牵拉时产生弹力,是被动张力。

2. 骨骼肌长度与肌肉收缩力量的关系

依据肌肉结构力学模型,肌肉收缩总张力是由收缩元产生的主动张力和并联弹性元、串联元产生的被动张力叠加而成的。因此,肌肉的张力—长度特性应是肌肉三元素的张力—长度特性的综合表现。

尽管不同肌肉的长度—总张力关系不完全一致,但都表现出共同的规律和特征,即肌肉的总张力是主动张力和被动张力的叠加。因此,将长度与主动张力和被动张力的关系曲线叠加起来,就成为肌肉长度—总张力关系曲线。这条关系曲线描述了肌肉的长度变化对肌肉张力的影响(图4-8)。肌肉平衡长度的大小,对肌肉总张力曲线形状的影响较大。如果肌肉结构中结缔组织较多(如羽状肌),则肌肉被拉伸时,并联弹性成分的被动张力能较早的出现,因此此类肌肉的平衡长度较短。下肢肌多为羽状肌,由于其经常抵抗重力作用,亦称抗重力肌,肌肉的总张力曲线如图4-8(a)所示。这种肌肉的结构特点,在人体活动时(走、跑、跳等动作中)节省了能量。而上肢的肌肉多为梭形肌,其平衡长度较长,并联成分的张力表现相对较晚(对肌肉的总张力贡献与收缩成分最大收缩力之间有时相差异),肌肉的总张力曲线如图4-8(b)所示。

肌肉的总张力—长度特征表明,肌肉力量训练从结构成分的角度上来分析,应包括主动收缩成分的训练与被动成分的训练。这两种成分的功能性发展影响着肌肉的总体功能性发展。目前的力量训练中,人们更多地关注肌肉主动收缩功能的训练,而对被动抗牵拉能力的功能训练认识不足,导致肌肉大强度运动训练中出现拉伤的风险较大。因此,在体能训练过程中,应结合专项动作和肌肉实际工作特征设计训练方法。

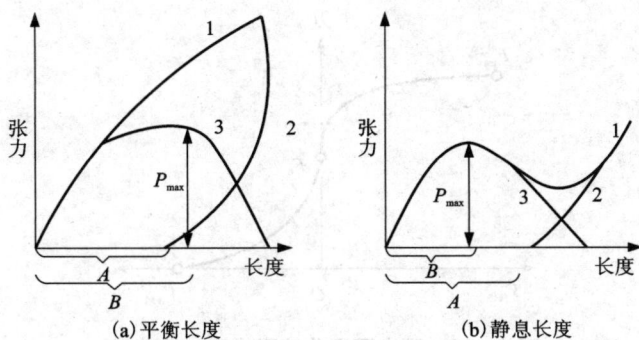

图4-8　不同肌肉长度与肌力关系

3.肌肉收缩的力与收缩速度的关系

肌肉收缩的力—速度关系特征,对指导肌肉力量训练的负荷安排有着重要的理论意义。

(1)肌肉向心收缩力—速度特性

肌肉力量发展的最基本原理就是负荷适应性,不同的力量训练负荷安排影响着肌肉力量特性的发展。高强度的负荷训练安排,主要体现为力量的提高,曲线向左上偏移明显;低强度负荷的快速运动训练,主要体现为速度力量优化,曲线向右上偏移明显;当肌肉的力量与速度都产生适应性提高,则表现出肌肉做功能力的提高(图4-9)。肌肉力量训练的最终目标,应该是根据专项特点,使肌肉收缩力—速度关系向最适宜的方向偏移,提高肌肉的工作能力。

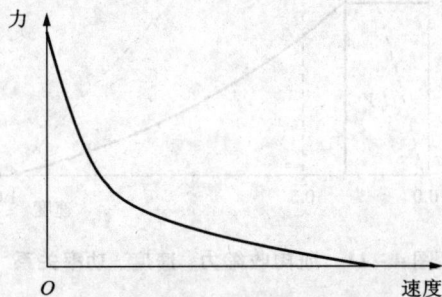

图4-9　肌肉收缩的力—速度关系

(2)肌肉离心收缩力—速度特性

图4-10表示在肌肉的三种收缩形式下的肌肉张力—速度的一般特征。肌肉离心收缩时,肌肉张力随着被拉伸速度的增加而增加。当达到一个临界速度时,力就变成为一个不随速度变化的常力,其大小约等于最适肌肉长度时的最大等长收缩力F_0的1.5~2.0倍。在肌肉强直状态下进行拉伸,收缩成分要完成粗、细肌丝耦合分离所需的力,要比保持等长收缩张力更大;拉伸速度越快,意味着这种能耗越高。其次,肌肉的黏滞性受拉伸速度的影响,拉伸速度越高,黏滞性越大。上述两个方面决定着肌肉在强直收缩后进一步拉伸需要更大的力量。

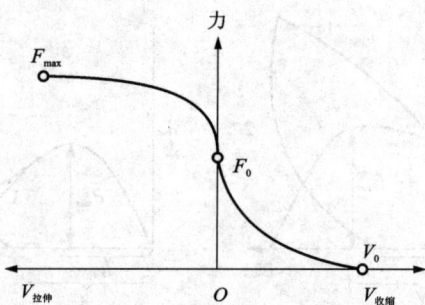

图 4 - 10　肌肉不同收缩形式力—速曲线

4. 骨骼肌的收缩功率

人体运动能力的大小和运动成绩的高低，主要取决于人体运动过程中完成动作的肌肉功率的大小，也就是说取决于肌肉的化学能转化成机械能的速率与效率。肌肉功率为力与速度的乘积，即 p = fv。由此可知，肌肉功率的大小可依据肌肉的力—速关系曲线计算。在曲线上每一点的功率等于该点至两坐标轴距离所围成的矩形面积（图 4 - 11）。肌肉的最大功率是肌肉最大等长收缩力的 1/2 与最大收缩速度的 1/3 的乘积。

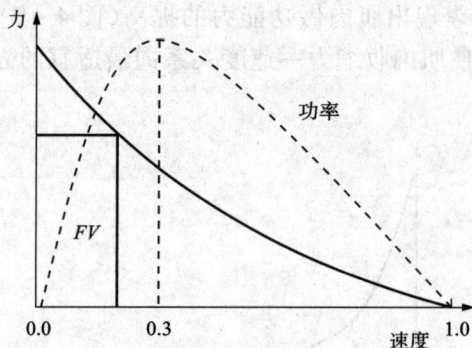

图 4 - 11　肌肉收缩力、速度、功率关系

（二）运动中骨骼肌的力学特性

1. 运动肌纤维预激活

肌肉收缩是神经冲动刺激下的肌纤维"兴奋—收缩"耦联，肌纤维缩短，输出肌力的过程。这一过程中，收缩成分的耦联与肌力的输出存在时间上的不同步现象，人们把肌肉在神经冲动刺激下的收缩成分的耦联时相称为肌肉激活状态（图 4 - 12）。

肌肉的预激活，对人体的快速启动力量、暴发性力量都有积极的意义。处于激活状态的肌肉有一定的预张力，也就是弹性成分有一定的能量储备，可以使收缩元的主动张力在更短的时间内直接向外表现出来。

2. 肌肉松弛与非代谢能的再利用

人体骨骼肌是黏弹性材料。被拉长的人体骨骼肌的张力随时间的延长而下降，这种特性称为肌肉松弛。（图 4-13）。

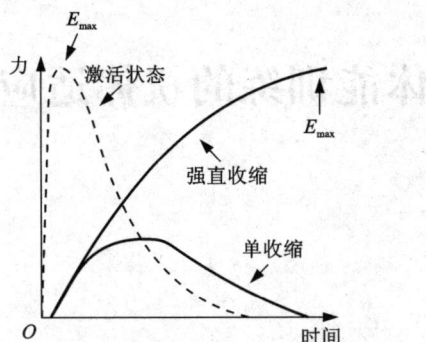

图 4-12　肌肉激活与张力发展的关系示意

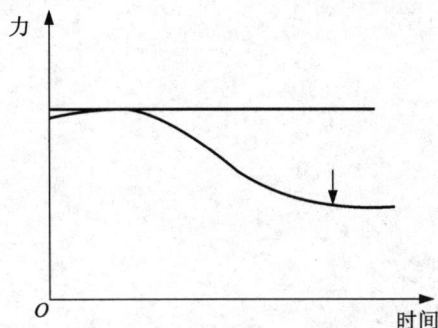

图 4-13　肌肉松弛弹性特征示意图

在人体运动过程中，当被拉伸的肌肉出现松弛时肌肉的弹性力下降，导致收缩的力量降低。如纵跳练习时，运动员在下蹲之后有无停顿，他们的起跳力量、弹跳高度有较大的差异。有停顿的起跳力量、纵跳高度的下降，是因为停顿时肌肉及肌腱中的弹性成分产生了松弛，非代谢能量的利用降低。由此可见，人体有效利用肌肉的非代谢能，减少肌肉松弛所致的能量耗散以增大肌肉力，或提高动作经济性的重要条件：一方面是非代谢能的积极储备，另一方面是缩短肌肉拉伸与向心收缩的转换时间。提高肌肉非代谢能的再利用能力，需要进行针对性的体能训练。

3. 肌肉黏滞性

肌肉的黏滞性是肌肉的黏性特征表现，同时也是肌肉收缩或被拉长的及纤维之间、肌肉之间产生摩擦所致。它使肌肉在收缩或被拉长时产生阻力而额外消耗一定的能量，因此肌肉的黏滞性也是影响肌肉力学特征的重要因素之一。肌肉黏滞性的大小与温度有关，温度低时黏滞性大，反之则小。因此，在训练与比赛前，必须做好充分的准备活动，提高体温，从而减小肌肉的黏滞性，提高肌肉收缩与放松速度，避免肌肉拉伤。尤其在温度较低的季节，这点显得更为重要。

第五章
体能训练的机体适应机制

一、无氧训练的机体适应机制

不同方式的训练会对神经肌肉的控制功能产生不同的影响，因为会使神经肌肉控制产生与不同训练方式相关的适应。

无氧训练能通过从神经中枢到单个肌纤维的神经肌肉系统链诱发适应。神经元放电增加是运动员发挥最大力量和爆发力的关键。神经元放电增加被认为是通过增加主动肌（在运动和动作中起主要作用的肌肉）运动单位的募集实现的。

（一）中枢适应

为使肌肉产生最大力量和爆发力，大脑皮质运动中枢的运动单位活性会适应性地增加。在无氧训练初期，大脑皮质运动中枢的活性即开始增加。未经训练的个体其运动单位的最大募集能力有限，特别是快肌单位。对于未经训练的个体或者损伤后恢复的个体，采用电刺激恢复的方法比自主活动更加有效。Adams 等人使用核磁共振技术的研究显示，未经训练的个体在发挥最大力量的过程中有 71% 的肌纤维被动员，而训练后能较大程度地降低被动员的肌纤维百分比。

（二）运动单位适应

神经肌肉系统的功能单位是运动单位。一个运动单位是由 α 运动神经元及其所支配的全部骨骼肌纤维组成的。运动神经元可以只支配一个或几个肌纤维，也可以支配超过 100 个较大的、躯干和四肢肌肉的肌纤维。当需要从肌肉获得最大力量时，所有可利用的运动单位必须全部被动用。不同形式的运动单位的启动速率或频率会影响肌肉力量。运动单位的放电速率通过剧烈阻力训练得到提高是一种适应机制。主动肌的最大力量和爆发力的增加取决于运动单位的募集量、放电速度、放电同步化以及这些因素的联合作用。

（三）神经肌肉反射适应

神经肌肉接头是神经肌肉的连接处，是无氧训练产生适应的关键位置。大部分检测运动训练对于动物神经肌肉接头的研究表明，神经肌肉接头对运动训练产生了适应性变化。Deschenes 等人的研究认为，不同强度的运动训练均能使神经肌肉接头产生变化。他们研究了大鼠在低强度和高强度训练下的神经肌肉接头变化，结果显示两种强度训练均使神经肌肉接头的面积增加，且高强度训练比低强度训练使神经肌肉接头处产生了更多的散在分布、不规则的突触。因此，无氧训练能使神经肌肉接头处发生形态学改变，从而增加神经传递。

二、不同形式抗阻训练的机体适应机制

抗阻力量训练是提高肌肉力量及肌肉耐力的重要手段。抗阻力量训练有多种形式，不同的形式会带来不同的训练效果。若要增加肌肉力量，至少需要满足以下条件之一：一是动用所有的肌纤维，使该部位所有的快肌纤维参与运动，如最大负荷重量训练、快速力量训练；二是尽可能动用该部位所有的快肌纤维，并使肌纤维发生微损伤，肌肉通过过度修复微损伤的方式增粗，如 70%～85% 最大负荷重量训练、离心收缩训练；三是与肌肉合成相关的生长素等激素及相关生长因子发生变化，从而使肌肉合成速度大于分解速度，如反复的 70%～85% 最大负荷重量训练、慢速力量训练、加压训练。下面介绍一下常用的抗阻力量训练方法及其原理：

（一）最大负荷重量训练

最大负荷重量训练可以在一次动作中动用更多的肌群，但因能够重复的次数少，在进行 5 组 95%～100% 最大负荷重量训练后第二分钟的血乳酸、第 15 分钟的生长素以及次日的肌酸激酶均不会发生大的变化。

也就是说，95%～100% 最大负荷重量训练可以使神经对肌肉的控制能力（或者说全身协调发力能力）得到提高，但因为重复次数过少，肌纤维不会产生微损伤，也无法有效刺激生长素等合成代谢类激素的分泌，所以不会出现肌肉量的增长。在神经对肌肉的控制能力以及全身协调性提高后，再进行最大负荷重量训练，肌肉力量就会出现滞涨现象。

（二）70%～85% 最大负荷重量（8～15RM）训练

70%～85% 最大负荷重量（8～15RM）训练可以有效动员全身肌肉，在合理安排间歇时间的前提下，可有效地增加肌肉量，并促进肌肉力量的增长。进行 70%～85% 最大负荷重量训练，到每组后半阶段时，快肌纤维将会全部动用（因原来动用的肌肉疲劳，为了完成工作，其他肌纤维会补偿性地参与工作）。当每个动作之间以及每组间歇时间足够短时，运动中会产生血乳酸等大量的代谢产物，刺激与肌肉合成相关的生长素等激素及相关生长因子发生变化，从而使肌肉量增加。因此，在进行该项训练时，每个动作最好采用大约 1 秒的时间抬起，用 3 秒的时间下放的节奏，组间间歇最长不能超过 2 分钟。当组间间歇超过 3 分钟时，激素及相关生长因子变化引起的肌肉合成效果会大幅度降低。

（三）慢速力量训练

慢速力量训练已有几十年的历史，通过慢速力量训练产生训练效果的原因目前也已逐步清晰。慢速力量训练的目的是通过持续用力使肌肉内压升高，肌肉中的循环受到抑制，运动

产生的乳酸等疲劳物质无法排出，从而使局部肌肉在相对较小的负荷下，形成像肌肉进行剧烈运动后的状态。这种状态会形成强烈的刺激，促使生长素等促进肌肉合成的激素大量分泌。正因为拥有这样一个非常重要的机制，所以，即使采用很轻的负荷（40%～60%的最大负荷重量）也能使肌肉变粗。在普通训练中采用50%1RM的负荷，肌肉基本不会变粗。慢速力量训练虽然字面上有"慢速"二字，但"慢"并不是核心内容，其核心是肌肉在整个过程中始终用力。以深蹲练习为例，站起时若膝关节伸直，肌肉就会完全放松，为了避免这种情况，应该在膝盖完全伸直之前停住，并再次下蹲。同样，在训练其他部位时，不形成完全脱力的状态是最基本的要求。由于慢速训练不必使用很重的负荷，训练起来相对安全。除了训练初期外，一般经过系统训练的人均可很快恢复（24～48小时）。另外，由于慢速力量训练会造成局部肌肉中大量的疲劳物质积累，非常类似于最后冲刺阶段的局部内环境状态，因此，也可以直接提高在疲劳物质积累的内环境下运动的能力。

（四）快速力量训练

快速力量训练，就是瞬间性地发出力量，之后形成脱力局面的训练方法，如在卧推练习中将杠铃扔出去的仰卧投掷训练、用上肢进行双手瞬间离地的俯卧撑等。快速训练对增加绝对肌肉力量的作用并不是很大，但对于缩短肌肉的启动时间具有非常大的作用，因而是最适合提高爆发性肌力发挥能力的训练。另外，因为它还有提高动作本身爆发力的作用，所以经常用于将已锻炼的肌力与实际动作进行结合的阶段。在仰卧投掷练习时，即使使用30～40 kg这样的轻杠铃，只要能够很好地发力，那么瞬间性的力量也会达到140～150 kg。也就是说，虽然发出力量的时间很短，但由于瞬间发出的力量很大，所以对维持已有的肌力是非常有效的。

（五）离心收缩训练

离心收缩训练是指肌肉在发力的同时被拉长的训练。将杠铃举起是短缩性收缩，制动着缓慢下放是离心收缩。用更容易理解的话说，就是让肌肉作为发动机工作是短缩性收缩，让肌肉作为制动器工作是离心收缩。进行离心收缩训练可以期待两个效果。

首先，是在训练中优先使用快肌纤维的效果。在训练中逐渐加大力量时，会优先使用尺寸小的慢肌纤维，直到发出大力量的阶段，才开始动员尺寸大的快肌纤维。这被称为"尺寸原理"。但在进行离心收缩训练时，会更多地使用快肌纤维。也就是说，在进行离心收缩训练时，会忽视尺寸原理，优先动员快肌纤维。由于是先使用容易肥大的快肌纤维，就有可能获得相应的训练效果。将被测者分为只进行短缩性收缩训练的组和只进行离心收缩训练的组进行训练的实验，在各种条件都一致的情况下进行的3个月训练，从结果看，离心收缩训练组不仅肌力得到加强，而且肌肉本身也变得更粗。

其次，离心收缩训练更容易引起肌肉疼痛。这表明，这种训练会很容易造成肌肉的微损伤，并激活相应的修复过程。当受到对肌肉更具有破坏性的强烈刺激时，肌肉会变得更粗。这种状态在离心收缩中更容易发生。离心收缩训练的缺点是更容易造成过度训练。如果在小的损伤没有痊愈的情况下进行训练，就会造成肌肉疲劳，有时甚至不能获得训练效果。一般情况下，离心收缩训练产生的肌肉微损伤，需要72小时以上的恢复时间。

三、有氧训练的机体适应机制

（一）神经肌肉系统对有氧训练的适应

在有氧耐力训练的早期阶段，神经系统的适应作用扮演着非常重要的角色。在训练初期，运动效率增加，机械收缩疲劳延迟。有氧耐力运动可能引起协同作用间神经的活动和肌肉中运动单位间的协同作用。因此，在较低的能量消耗活动中，运动员可以进行更有效率的运动。

另外，有氧耐力训练的一个基本适应反应是提高了训练肌肉的有氧能力，使运动员更容易完成定量负荷运动，并且在训练后，运动员在较高的负荷强度中仍能获得较大的有氧功率。因此，在有氧耐力训练前后，测量运动员的最大摄氧量可能并不能精确地描述其完成比赛的能力。例如，一个运动员能用相当于75%最大摄氧量水平的速度跑完马拉松，进行有氧训练后可以保持80%的最大有氧功率的速度完成比赛。出现这种适应性的原因是糖的节约（运动中糖利用减少）和肌肉中脂肪的利用增加。

有氧耐力训练计划中包括亚极量强度的肌肉收缩，重复次数多，恢复时间短，会改变肌肉成分。因此相对强度较低，总量较大。与训练相关的有氧潜力适应与肌纤维类型有关。相对于Ⅱ型肌纤维，Ⅰ型肌纤维具有较高的有氧储存能力，训练后有氧潜力增加明显。而Ⅰ型肌纤维在训练前后，都具有较好的氧化能力。但是，如果训练强度足够，如重复800m间歇跑的训练，快肌（尤其是Ⅱx型肌纤维）也会大量参与。在这种情况下，其有氧能力也会因训练而提高，但是长期的有氧耐力训练会使糖酵解酶浓度降低，这些肌纤维所在肌肉的质量总量会减少。

（二）循环系统对有氧训练的适应

身体活动和体育运动由有效和有目的的动作组成，这些动作源于神经肌肉的控制功能。对于神经肌肉活动的支持是通过呼吸系统和心血管系统不断地向激活组织输送氧和排出二氧化碳来完成的。因此，运动会影响机体的神经肌肉控制能力，继而使心肺功能产生适应性变化。

1. 运动时心率的适应性变化

运动可导致心率明显增高。运动时心率变化速率与幅度因运动强度和时间而异。研究表明，机体完成单一较小强度的运动时，心率在运动初期迅速上升，达到一定水平后，较长时间维持在一个波动不大的范围内，表示这段时间各系统机能处于相对稳定的状态。随着运动的持续，机体各系统功能平衡被破坏，心率将再次升高直至达到最大心率，此次心率的升高可视为机体的运动疲劳点。机体完成单一大强度的运动时，由于机体代谢水平很高，各系统机能水平不能保持在相对稳定的状态，因此心率的变化将持续升高至最大心率。运动心率或脉搏的变化情况可以作为评定运动强度的生理负荷指标。通常将心率从185次/分（或190次/分）到最大心率的运动强度称为极限强度，170~185次/分（或189次/分）为亚极限强度，150~169次/分为大强度，120~149次/分为中等强度。此外，心率亦可作为评定运动者功能状态的客观生理指标。测定基础脉搏（晨脉）、运动前心率、定量运动负荷后心率、最大心率及心率恢复速率等指标，可在一定程度上反映机体的功能水平，亦可通过心率或脉搏来控制运动强度。

2. 运动时每搏输出量和心输出量的适应性变化

运动可明显提高每搏输出量和心输出量。运动引起血流速度加快，静脉回心血量增加，使舒张末期心室容积提高，同时通过交感神经兴奋及增加儿茶酚胺分泌使心肌收缩力增强，减小收缩末期心室容积，二者共同作用导致每搏输出量明显增加，每搏量的增加和心率的加快使心输出量显著加大。当心率超过 150～160 次/min 时，心舒期缩短导致静脉回心血量减少，心肌收缩力的增强程度有限，使得搏出量逐渐减少。当心率超过 180 次/min 时，由于搏出量的大幅度减少，使得心输出量亦可能随之减少。

3. 运动时动脉血压的适应性变化

运动导致动脉血压的收缩压显著增高，在剧烈运动时收缩压可高达 190 mmHg 甚至更高。不同运动形式导致的动脉血压的舒张压变化情况不同。动力性运动时收缩压明显升高，舒张压的变化相对较小，甚至可能略有下降。主要原因是动力性运动导致心脏收缩增强，血流速度加快，血压增高，但同时运动时交感舒血管神经兴奋，外周血管扩张，加之肌肉收缩的推挤加快静脉回流，动静脉压力差增加，促进了动脉血外流，使得外周阻力相对下降。以上升压和降压两种因素的共同作用使得舒张压变化幅度较小。静力性运动时由于憋气使胸腔压力增大，后负荷增高，搏出量有所下降，心室余血量较多，静脉回流阻力亦增加，加之肌肉紧张性收缩对外周血管产生静力性压迫，外周血流不畅，阻力显著增高，使收缩压的升高幅度相对较小，而舒张压十分明显地增高，对小血管造成很大的压力(表 5-1)。中老年人由于血管硬化程度增加，弹性下降，脆性增加，因此在大强度静力性运动时因外周阻力过大易发生小血管的破裂，故应尽量少进行大强度静力性运动。

表 5-1　不同运动形式对动脉血压的影响

运动形式	收缩压	舒张压	脉压差
动力性运动	↑↑	↑或↓或—	↑
静力性运动	↑	↑↑	↓

注：↑为上升，↓为下降，↑↑为显著上升，—为变化不明显。

(三)呼吸系统对有氧训练的适应

运动时机体代谢加强，呼吸系统也将发生一系列变化，以适应机体代谢的需求，保证技术动作的顺利完成。

1. 运动时通气机能的适应性变化

运动时随着运动强度的增大，机体为适应代谢的需求，需要消耗更多的氧气，排出更多的二氧化碳。为此，通气功能将发生相应的变化。

运动时机体表现为呼吸加深加快，肺通气量增加。潮气量可从安静时的 500 mL 上升到 2000 mL 以上，呼吸频率也随运动强度增大而增加，可由 12～18 次/min 增加到 40～60 次/min。

结合潮气量与呼吸频率的变化可以得知，运动时的每分通气量可从安静时的 6～8 L/min 增加到 80～150 L/min，较安静时可增大 10～12 倍。

运动过程中肺通气量的时相性变化为：运动开始后，通气量立即快速上升，随后在前一时相升高的基础上，持续缓慢上升；运动结束时，通气量同样是先快速下降，随后缓慢地恢复到安静时的水平。通气量迅速升、降的时相，称为快时相；缓慢升、降的时相称为慢时相。在中等强度的运动中，肺通气量主要是随呼吸深度的增加而增加。而在进行剧烈运动时，肺通气量的增加主要是靠呼吸频率的增加来实现的。呼吸深度和呼吸频率的增加，意味着呼吸运动的加剧，因此用于通气的氧耗也将增加。

2. 运动时换气机能的适应性变化

运动时换气机能的变化，主要通过氧气的扩散和交换来体现。

肺换气的具体变化为：①人体各器官组织代谢加强，使流向肺部的静脉血中氧分压比安静时低，从而使呼吸膜两侧的氧分压差增大，氧气在肺部的扩散速率增大；②血液中儿茶酚胺含量增多，导致呼吸细支气管扩张，使通气肺泡的数量增多；③肺泡毛细血管前括约肌扩张，开放的肺毛细血管增多，从而使呼吸膜的表面积增大；④右心室泵血量的增加使肺血量增多，使得通气血流比值仍维持在 0.84 左右。但剧烈运动也会造成过度的通气，使通气血流比值大于 0.84。这些因素的变化，使进行耗氧量为 4 L/min 的运动时，肺的氧扩散容量达到 60 mL/(min·mmHg)。当运动使耗氧量为 6 L/min 时，氧扩散容量可增加到 80 mL/(min·mmHg)。

组织换气的具体变化为：①由于活动的肌肉组织需利用较多的氧气来氧化能量物质，重新合成 ATP，所以活动的肌肉组织耗氧量增加，组织的氧气分压下降迅速，使组织和血液间的氧气分压差增大，氧气在肌肉组织部位的扩散速率增大；②活动组织毛细血管开放数量增多，增大了组织血流量，增大了气体交换的面积；③组织中由于二氧化碳的积累氧分压的升高和局部温度的升高，氧离曲线发生右移，促使氧合血红蛋白(HbO_2)解离进一步加强。运动时组织的这些变化，促使肌肉的氧气利用率提高，肌肉的代谢率可较安静时增高达 100 倍。

第六章

体能训练的营养学基础

一、基本概念

合理营养与科学训练相结合，有助于大学生身体素质的提高。如果营养不当，不但会降低运动能力，还会影响到运动后的恢复和健康水平。运动营养学是运动医学的重要组成部分之一，主要研究运动训练者在不同训练和比赛情况下的营养需要、营养因素与机体功能、运动能力、体力适应以及防治运动性疾病的关系，目的是提高运动训练者的运动能力。

二、七大营养素

营养素是指食物中可被人体消化吸收、对人体有益的化学物质，是提供能量、提供机体构成成分、组织修复以及生理调节功能的物质基础。人体主要通过膳食来保证机体营养素的获得。膳食营养是满足大学生对营养素的需要和维持体能最重要的物质基础。人体能够利用的主要营养素有糖、蛋白质、脂肪、维生素、矿物质、膳食纤维和水。

（一）糖

1. 糖的食物来源

人体糖的来源可以是单糖、二糖、寡糖和多糖，主要来源于植物性食物，动物性食物中含量很少（表6-1）。

（1）粮谷类食物

谷类包括小米、大米、玉米、小麦、大麦、高粱等等，含糖量可达70%。谷类中的糖主要是淀粉，占总含糖量的90%，主要集中存在于胚乳中。谷类中的淀粉有两种，直链淀粉和支链淀粉。除淀粉外，谷类中还含有较多的纤维素。

（2）蔬果类食物

蔬菜水果所含的糖包括寡糖和多糖（淀粉、纤维素、半纤维素和果胶等），其种类和数量因食物的品种不同有很大的区别。胡萝卜、番茄、甜薯、南瓜等食物含寡糖量较高，各种芋类、薯类及藕等食物含淀粉较高，含糖量达20%～30%。水果中仁果类（苹果、梨等）的果糖含量较多,葡萄糖和蔗糖次之;浆果类(葡萄、草莓、猕猴桃等)的葡萄糖和果糖含量较多;核果类(桃、杏)和柑橘类的蔗糖含量较多。

表6-1　不同食物中糖的百分含量(%,以100 g湿重计算)

食物	含糖量/%	食物	含糖量/%
蔗糖	100	水果	5~14
稻米	70~78	蔬菜	2~3
小麦	65~75	牛乳	2~5
粉条类	80~90	动物肝脏	2~3
薯类	20~30	畜禽肉类、水产品	0~1

2. 糖的补充

(1)不同能量消耗与补糖量的推荐

运动人群摄取平衡的混合膳食中糖类(碳水化合物)的供给量,按其发热量计算应为总能量的60%左右。西方国家一般推荐至少应摄取50%~55%总能量的糖(美国国家健康与医学研究委员会,1992)。有些权威人士建议进行长时间运动时应增加糖的摄入量至总能量的65%,大强度耐力运动的糖类供给量应为总能量的60%~70%,中等强度时为50%~60%,无氧运动时为65%~70%。但精制糖(单、双糖)的摄入不要超过总能量的10%。

虽然大学生被建议饮食中糖提供的能量应占总能量的50%~70%,但对于一些人来说,这可能是不现实的目标。以每千克体重的补充量为依据建议糖的摄入量可能是更加容易和现实的方法。仅仅以糖在饮食中的供能比例(65%)来确定糖的摄入量还存在着一些问题。例如,一个80 kg的男性大学生补充每天摄入5000 Kcal的能量,其中65%的能量来自糖,那么就要摄入813 g(3252 Kcal)的糖。这等同于每千克体重补充10 g糖,超过了以最大速率合成糖原的糖的需要数量。对于这个人来说,如果饮食中糖的供能比占55%的话需要补充688 g的糖,或者每公斤体重提供8.5 g糖。对于大多数男性大学生来说,这种水平的糖摄入量可能更加现实并且容易完成,可以很容易地在大强度训练后保障糖原的合成。

女性大学生一般每天摄入2200~2500 Kcal的能量,她们不可能像男性那样,每天摄入500~600 g的糖来合成充足的糖原。例如,一个55 kg的女性大学生每千克体重需要补充6~7 g的糖,那么每天就需要摄入330~385 g的糖(见表6-2)。这就等同于糖提供1320~1540 Kcal的能量(或者一天2000 Kcal的饮食,糖提供66~77%的能量)。女性大学生总的糖的摄入量是在男性的推荐值500~600 g/d以下,但是糖供能比却达到或者超过了推荐值的水平。高糖饮食可以避免女性大学生在运动中发生的疲劳。如果测试每天能量摄入仅2500 Kcal的女大学生,糖供能占总能量的43%,不能够提供足够的糖用于肌糖原的合成。这种饮食仅提供215~268 g的糖,或者说对于一个55 kg的女大学生,每千克体重仅补充3.9~4.8 g糖,这种水平的糖摄入量对于日常训练或者比赛的大学生来说就太低了。

表6－2　不同能量需求水平的男女大学生高、中等糖饮食的例子

	男性(80 kg)糖的供能比例				女性(55 kg)糖的供能比例			
	65%	55%	65%	55%	65%	55%	65%	55%
能量(Kcal/d)	5000	5000	3000	3000	2500	2500	2000	2000
糖(%)	65	55	65	55	65	55	65	55
g/d	813	688	488	413	438	344	325	275
g/kg	10.2	8.6	6.1	5.2	7.9	6.3	5.9	5.0
蛋白质(%)	12	15	12	15	12	15	12	15
g/d	150	188	90	113	75	94	60	75
g/kg	1.9	2.4	1.1	1.4	1.4	1.7	1.1	1.4
脂肪(%)	23	30	23	30	23	30	23	30
g/d	128	167	78	100	64	83	51	67
g/kg	1.5	2.1	1.0	1.3	1.2	1.5	0.9	1.2

（2）运动前、中、后补糖的方法

运动前：可在大运动量前数日内增加饮食中糖类至总热量的60%～70%，或者10 kg；也可以采用大量的糖原负荷法，即在比赛前一周内逐渐增加运动量，直至比赛前一天休息，同时逐渐增加饮食中的含糖量，至总热量的70%左右；或在赛前1～4 h补糖1～5 kg，最好补充液态糖分。

运动中：在运动前每隔30～60 min补糖，补糖量一般不大于1 g/min，采取饮用含糖饮料的方法补充，少量多次，也可以在运动中食用易消化的含糖食物，如面包、蛋糕等。

运动后：运动结束以后补糖时间最早越好，理想时间是在运动后立即补充，或者运动完两小时以内，每隔一个小时补充一次；运动后6 h内，肌肉中糖原合成酶含量最高，可以使存入肌肉的糖达到最大量，补糖效果最佳；运动后补糖量为0.75～1.0 g/kg，24 h内补糖总量达到9～16 g/kg。

（3）补糖的类型

葡萄糖吸收最快，最利于合成肌糖原。果糖的吸收也比较快，而且主要为肝脏所利用，其合成肝糖原的量约为葡萄糖的3.7倍，果糖引起胰岛素分泌的作用较小因此不抑制脂肪酸的活动。但大量使用时，可能导致胃肠紊乱，果糖的使用量不宜超过35 g/L，果糖应与葡萄糖联合使用。低聚糖甜度较低、渗透压低，为葡萄糖的14倍，因为甜度低，所以吸收起来比较快，因此可以补充低聚糖使锻炼者获得更多的糖。淀粉类食物的含糖量为70%～80%，但释放速度慢，因此不会引起血糖或胰岛素的突然增加，淀粉类食物除了含复合糖之外还含维生素、无机盐和纤维素，可在运动或比赛后的饮食中增加淀粉类食物的摄入量。

（二）蛋白质

1. 蛋白质的食物来源

蛋白质广泛存在于动物性食物和植物性食物中。动物性食物中蛋白质含量高，其中含有丰富的必需氨基酸，所以多属于优质蛋白，如畜肉、禽肉和鱼肉蛋白质等。植物性食物中仅有豆类含有较多的优质蛋白，其他植物蛋白往往含有的优质蛋白较少。谷类食物是我国居民的主要食物之一，蛋白质含量为 7%～10%，但谷类蛋白中的赖氨酸含量低，不利于吸收利用。因此，在日常饮食中，应保证食物多样化，动物性蛋白、豆类蛋白和谷类蛋白同时摄入，充分发挥蛋白质的互补作用，提高蛋白质的利用率（表 6-3）。

表 6-3　不同食物中蛋白质含量（%，以湿重计算）

食物名称	含量/%	食物名称	含量/%	食物名称	含量/%
牛奶	3.3	大米	8.5	马铃薯	1.9
鸡蛋	12.3	小米	9.7	油菜	2.0
猪肉（瘦）	16.7	面粉	9.9	大白菜	1.4
牛肉（瘦）	20.2	玉米	8.6	白薯	2.3
羊肉（瘦）	15.5	大豆	34.2	菠菜	2.0
鱼	12.0～18.0	豆腐干	18.8	花生	26.2

营养学上根据蛋白质所含氨基酸的种类和数量不同，将蛋白质分三类，完全蛋白、半完全蛋白和不完全蛋白，其中，完全蛋白属于优质蛋白，半完全蛋白和不完全蛋白则不属于优质蛋白。

2. 蛋白质的膳食参考摄入量

蛋白质的膳食参考摄入量应占膳食总热量的 11%～14%，根据中国营养学会的建议，正常成人男、女轻体力活动应摄入的蛋白质分别为 75 g/d 和 60 g/d；中体力活动分别为 80 g/d 和 70 g/d；重体力活动分别为 90 g/d 和 80 g/d。大学生在大负荷训练期间，蛋白质参考摄入量应不低于 2 g/kg 体重，并且要求优质蛋白的比例不少于 2/3。同时，应加强蛋白质营养状况的生物化学评定，如血清蛋白、血红蛋白等。

（三）脂肪

1. 脂肪的食物来源

各种食物，无论是动物性的或是植物性的，都含有脂肪，只是含量有所不同。谷类食物中脂肪含量比较少，含 0.3%～3.2%。但玉米和小米可达 4%，而且大部分的脂肪是集中在谷胚中。蔬菜类食物中脂肪含量则更少，绝大部分都在 1% 以下。但是一些油料植物种子、硬果及黄豆中的脂肪量却很丰富（表 6-4）。因此，人们常利用其中一些油料植物制成烹调用油，如豆油、花生油、菜籽油、芝麻油等。

表6-4　植物种子和硬果中的脂肪含量

食物名称	脂肪含量/%	食物名称	脂肪含量/%
黄豆	18	花生仁	30~39
芥末	28~37	香榧子	44
大麻	31~38	落花生	48
亚麻	29~45	榛子	49
芝麻	47	杏仁	47~52
葵花子	44~54	松子	63
可可	55	核桃仁	63~69

动物性食物中含脂肪最多的是肥肉和骨髓，高达90%，其次是肾脏和心脏周围的脂肪组织、肠系膜等。这些动物性脂肪，如猪油、牛油、羊油、禽油等亦常被用作烹调油或食物。动物内脏的脂肪含量并不很高，大部分都在10%以下。

亚油酸的最好的食物来源是植物油类。但常吃的植物油中，菜油和茶油中的亚油酸含量比其他植物油少。

植物性食物不含胆固醇，而含植物固醇。胆固醇只存在于动物性食物中。几种兽肉中胆固醇的含量大致相近，肥肉则比瘦肉高。内脏更高，脑中胆固醇的含量达3100 mg。蛋类的胆固醇含量也较高，一个蛋的胆固醇含量约有300 mg。鱼类除少数外，一般和瘦肉的胆固醇含量差不多，但罐头制品，如罐头凤尾鱼的胆固醇含量不低。

所有的动物均含有卵磷脂，尤其是脑、心、肾、骨髓、肝、卵黄。大豆中也含有丰富的卵磷脂。脑磷脂和卵磷脂并存于各组织中，神经组织内含量比较高。脑和神经组织含神经磷脂特别多。

2. 脂肪的膳食参考摄入量

脂肪的摄入可同时保证脂溶性维生素被人体吸收。通常认为，成人脂肪的膳食参考摄入量应占到总热量的20%~30%。随着生活水平的不断提高，我国人民膳食中动物性食品的数量不断增多，脂肪摄入量亦随之增加。但脂肪过高易引起肥胖、高脂血症、冠心病等。

大学生食用高糖膳食时，因为糖的比例增多，量增加，可以减少脂肪的摄入量，但不能减少蛋白质的摄入量。因为糖在体内还可转变为脂肪，因此，不必担心脂肪缺乏。膳食中应保证必需脂肪酸的摄入。亚麻酸有很高的保健价值，具有提高记忆力、保护视力、控制血压、改善睡眠、预防心肌梗死和脑血栓、降低血脂及促进胰岛素分泌等多种功能。

（四）维生素

维生素一般不能在体内合成（维生素D除外），需求量少，但对代谢的作用大。维生素分脂溶性和水溶性两类。维生素A、D、E、K属于脂溶性，B族维生素和维生素C易溶于水。维生素的主要来源是水果和蔬菜，有一些维生素来源于动物类食物。维生素的功能和食物来源见表6-5。

表 6 – 5　维生素的功用及食物来源

脂溶性维生素	维生素的功用	食物来源
维生素 A	维持正常视力，预防夜盲症；保持上皮细胞组织健康；促进生长发育；增加对传染病的抵抗力；预防和治疗眼干燥症	鱼肝油、绿色蔬菜
维生素 D	调节人体内钙和磷的代谢，促进吸收，促进骨骼成长	鱼肝油、蛋黄、乳制品、酵母
维生素 E	维持正常的生殖能力和肌肉正常代谢；维持中枢神经和血管系统的完整	鸡蛋、肝脏、鱼类、植物油
维生素 K	止血；促使肝脏制造凝血酶原	菠菜、苜蓿、白菜、肝脏
脂溶性维生素	维生素的功用	食物来源
维生素 B_1	保持循环、消化、神经和肌内正常功能；调整胃肠道功能；构成脱羧酶的辅酶，参加糖的代谢；预防脚气病	酵母、谷物、肝脏、大豆、肉类
维生素 B_2	体内许多重要辅酶类的组成成分，这些酶能在体内物质代谢过程中传递氢，它还是蛋白质、糖、脂肪酸代谢和能量利用与组成所必需的物质。能促进生长发育，保护眼睛、皮肤的健康。	酵母、肝脏、蔬菜、蛋类
泛酸（维生素 B_5）	抗应激，抗寒冷；抗感染；缓解某些抗生素的毒性，消除术后腹胀	酵母、谷物、肝脏、蔬菜
维生素 B_6	促进蛋白质代谢；治疗神经衰弱、眩晕、动脉粥样硬化等	酵母、米糠、白米
维生素 B_{12}	抗脂肪肝，促进维生素 A 在肝中的贮存；促进细胞发育成熟和机体代谢；治疗恶性贫血	肝脏、鱼肉、肉类、蛋类
维生素 C	连接骨骼、牙齿、结缔组织结构；对毛细血管壁的各个细胞间有黏合功能；增加抗体，增强抵抗力；促进红细胞成熟	蔬菜、水果
烟酸（维生素 PP）	在细胞生理氧化过程中起传递氢的作用；具有防治癞皮病的功效	酵母、谷物、肝脏、米糠
叶酸（维生素 M）	抗贫血；维护细胞的正常生长和免疫系统的功能	蔬菜叶、肝脏

（五）矿物质

在组成人体的化学元素中，除碳、氢、氧和氮主要以有机化合物的形式存在外，其余的统称为无机盐，又称矿物质或灰分。机体中含量大于 0.01% 的，称为常量元素或宏量元素，如钙、磷、钠、钾、氯、镁与硫等 7 种；含量低于 0.01% 的（也有人认为是低于 0.005%），为微量元素或痕量元素。目前已确认的，为维持正常生命活动不可缺少的微量元素共有 14 个，即铜、铬、钴、氟、铁、碘、锰、钼、镍、硒、硅、锡、钒和锌。

1. 铁与运动

运动时的高能量代谢率与酶的活性、呼吸链的能量生成速率以及机体氧的供应能力关系密切，这些均与铁有关。当铁缺乏时，会导致血红蛋白合成减少，血红蛋白携氧能力下降以及能量代谢失调，机体的做功能力下降。更严重的是会导致运动性贫血，运动能力降低。

2. 钙与运动

灵敏素质、反应速度、心脏泵血能力和肌肉力量，这些运动能力都与钙离子有十分重要的关系。心肌和骨骼肌收缩时对钙离子的依赖性很强。钙离子是肌肉兴奋收缩偶联的关键物质。细胞外液钙离子浓度的下降，必将引起心肌收缩能力的下降。而骨骼肌细胞内钙离子的储存量减少，会引起骨骼肌收缩能力的下降，肌肉力量明显下降。

3. 锌与运动

锌影响骨骼肌蛋白质和 DNA 合成，影响骨骼肌的生长和质量，影响能量代谢及酸碱平衡等，从而对运动产生直接的影响。锌还可能通过锌酶系统影响雄性激素的合成与分泌，进而通过促进骨骼肌蛋白质合成，肌纤维粗大，维持竞争性意识等，影响运动能力。锌是体内 300 多种酶的激活因子，也是超氧化物歧化酶（SOD）的重要组成成分。运动期间给大学生补充锌可以提高无氧糖酵解能力，对发展肌力和速度、耐力有良好作用。

4. 铬与运动

铬可以作为胰岛素功能的协同者，提高葡萄糖的利用率。补充铬有利于增加肌肉合成，减少脂肪，提高应激状态下的动物体内免疫球蛋白，显著减少其血清皮质醇；改善体液和细胞免疫功能；增强 RNA 合成；抑制肥胖基因的表达。在不同类型的应激过程中，如剧烈锻炼、身体受伤、感染及高温或寒冷时，葡萄糖代谢发生很大改变，也使铬的代谢改变，如创伤病人和高强度锻炼的人尿铬排出量升高。

5. 钠与运动

大学生一般不会缺乏钠，只有在高气温环境下进行大强度训练时，会随汗液丢失大量氯化钠。机体缺乏钠时，会出现软弱无力、食欲减退、恶心、呕吐、头痛、腿痛和肌肉痉挛等症状。据报道，在气温为 25℃~35℃ 时进行长跑训练，运动中氯化钠的丢失量可达 24.77±2.31 g，必须注意及时补充。大学生长跑时钠的需要量每日可增到 20~25 g。如在比赛中失水量不超过 3.5 L，不要服用盐片。

6. 钾与运动

大学生在一般情况下钾的需要量为每日 3~4 g，但在大运动量和高气温环境下训练时，钾的总排出量为 4.0~4.5 g/d，如大学生在 29℃~30℃ 的环境下跑步，体内钾的丢失量可高达 6 g/d，因此，大学生钾的每日需求量应为 3~5 g。钾的实际需要量取决于运动强度和环境温度。

（六）膳食纤维

膳食纤维（dietary fiber）是糖中的一类非淀粉多糖。包括纤维素、半纤维素、果胶和非多糖成分的木质素等。纤维素、半纤维素和木质素属于不溶性纤维，果胶、树胶和胶浆可溶。

植物性食物中都含有数量不等的各类膳食纤维。含量最多的是不可溶膳食纤维，它包括纤维素、木质素和一些半纤维素。谷物的麸皮，全谷粒和干豆类，干的蔬菜和坚果是不可溶膳食纤维的好来源。可溶膳食纤维富含于燕麦、大麦、水果和一些豆类中。蔬菜和水果是膳食纤维(纤维素、半纤维素和果胶等)的重要来源。蔬菜中含果胶较多的有南瓜、胡萝卜、番茄等。水果中一般含有较多的果胶(如山楂、苹果和柑橘等),具有很强的凝胶力,加适量的糖和酸即可加工成果酱和果冻制品。

中国营养学会建议正常成年人膳食纤维的适宜摄入量为 30 g/d,并根据能量摄入调整,能量摄入越高,膳食纤维的摄入量越高。

(七)水

1. 水的代谢

正常人每日水的来源和排出处于动态平衡状态。水的吸收和排出量每日维持在 2500 mL 左右。体内水的来源包括饮水和食物中的水及内生水三大部分。通常每人每日饮水约 1200 mL,食物中含水约 1000 mL,内生水约 300 mL。内生水主要来源于蛋白质、脂肪和碳水化合物代谢时产生的水。每克蛋白质产生的代谢水为 0.42 mL,脂肪为 1.07 mL,碳水化合物为 0.6 mL。

体内水的正常平衡受口渴中枢、垂体分泌的抗利尿激素及肾脏调节。口渴中枢是调节体内水来源的重要环节。当血浆渗透压过高时,可引起口渴中枢神经核兴奋,激发饮水行为。抗利尿激素可通过改变肾脏远端小管和集合小管对水的通透性,影响水分的重吸收,调节水的排出。抗利尿激素的分泌受血浆渗透压、循环血量和血压等调节。肾脏则是水分排出的主要器官,通过排尿多少和对尿液的稀释和浓缩功能,调节体内水平衡。

当机体失水时,肾脏排出浓缩性尿,使水保留在体内,防止循环功能衰竭;体内水过多时,则增加排尿,减少体内水量。

2. 运动时补水

脱水不仅影响大学生的运动能力,还威胁大学生的健康,因此运动中合理补水是十分重要的。怎样补水才能保证人体的水平衡呢?最关键的原则是:积极主动地补水。

科学的补水方式为少量多次,可根据不同项目,在运动前、中、后及时补水,补水应该以运动饮料为主,具体补充方式将在运动饮料部分详述。

三、大学生的膳食结构

营养是人类进行运动的重要物质基础。人体的各种生理活动和体力活动,乃至人体生命的存在,都离不开营养。随着体育科学的发展,大学生不仅可以用科学的营养方法来保持身体健康和充沛的体能,而且能根据不同运动项目的特点,科学地利用营养促进运动水平的提高。

大学生每天的工作学习量大,持续时间长,再加上运动训练,对各种营养素的需求都很高,因此一定要做到平衡膳食,即膳食中所含的营养素数量充足、种类齐全、比例适当。普通人的膳食中,三大能源物质在总热量中所占的百分比为蛋白质 10% ~15%,脂肪 20% ~30%,糖 55% ~65%。平衡膳食的食物需包括粮谷类、蔬菜、水果类、动物性食物和豆类、油脂类食物。大学生的合理营养非常重要,有助于提供充足的能量,维持适宜的体重和体质比例;有助于延缓疲劳和加速运动后的恢复;有利于免疫功能和运动能力的提高;有助于克服特殊的运动医学问题。

大学生的食物数量和质量应满足需要;膳食应当营养平衡和多样化,且易于消化吸收;

食物应当是浓缩的，营养密度高、体积质量小；一日三餐食物的能量分配应根据运动训练或比赛的任务合理安排；食物要具有良好的感官性状，色、香、味俱全，能够引起食用者的食欲。大学生膳食指南的原则是：食物多样，谷类为主，营养平衡；食量和运动量平衡，保持适宜的体重和体脂；多吃蔬菜、水果、薯类、豆类及其制品；每天喝牛奶或酸奶；肉类食物要适量，多吃水产品；注重早餐和必要的加早餐；重视补液、补糖；在医生指导下合理使用营养素补充品。

四、不同条件下的营养物质补充

（一）耐力训练的营养补充

如果大学生的体能训练以耐力训练为主，运动时间长，运动中无间歇，物质代谢以有氧氧化为主，运动中热量消耗较大，肌糖原消耗增加，脂肪供能比例增加，蛋白质分解加强。在比赛和训练中，易发生肌糖原耗竭，血糖下降，代谢平衡状态被破坏，产生疲劳。

在耐力训练期间，大学生的营养应注意以下方面。

1. 热能供应充足

膳食中应保障总热量的摄入，碳水化合物的供热总量应达到总热量的 60% ~ 70%，以提高体内糖原储备量。在运动中补糖以维持血糖水平，运动后及时补糖以尽快恢复肌糖原。在碳水化合物种类的选择上，需利用不同血糖指数的碳水化合物来保持葡萄糖平稳供应或者快速促进糖原合成。

2. 蛋白质供应充足

膳食中应保证全面、足量的蛋白质摄入，蛋白质的摄入量应占每天热量摄入的 15% ~ 18%。支链氨基酸在避免运动性疲劳过程中有重要作用。在运动后期会出现中枢神经系统疲劳，补充支链氨基酸可有效提高神经功能。此外，谷氨酰胺对于免疫系统来说是很重要的燃料，补充谷氨酰胺有助于降低感染和疾病的发生率。

3. 水和电解质的补充

耐力运动的特点是出汗量大，水分和电解质大量流失。为了维持内环境的相对稳定，应在运动中和运动后及时补充水分和电解质（表 6 - 6）。

表 6 - 6　美国运动医学学院液体服用指导方针

时间	总量	相应调整
运动前 2 小时	喝 500 mL	无
运动中	每小时喝 600 ~ 1200 mL	每 15 ~ 20 min 喝 150 ~ 300 mL
运动后	基于运动前和运动后即刻体重的改变量，喝足够的液体来恢复体重（1 kg体重补充 0.45 kg 液体）	服用需求总量的 150% 的液体来恢复体重。这个量可以弥补尿液的丢失。如果只服用 100% 的补充液体，尿液丢失使水分过少

4. 多摄入含铁丰富的食物

参加耐力项目的大学生发生缺铁性贫血的概率较高，多摄入动物血液制品、瘦肉、鸡蛋、猪肝、绿叶蔬菜等食物可以补充的铁，有利于血红蛋白的合成，保证血液运输氧的能力。运动营养品中常见的铁补充剂是硫酸亚铁，但其对肠胃的刺激较大，新型的铁补充剂有血红素铁、甘氨酸铁等。

5. 维生素的补充

B 族维生素在物质能量代谢过程中起重要的辅助作用，随着运动导致的热能消耗的增加，B 族维生素的摄取量也应随之增加。维生素 C 参与抗氧化、促进铁吸收、加快组织修复等作用，需要合理地进行补充。叶酸可以促进铁的吸收和血红素的合成，有利于预防运动性缺铁性贫血的发生。

（二）力量训练的营养补充

力量训练也是经常采用的体能训练方法之一，力量训练的特点是运动强度大，缺氧严重，氧债量大，运动中会有间歇，能量代谢率高，能量来源主要由无氧供能提供，短时间大强度运动形成的酸性产物在体内堆积。

在力量训练期间，大学生的营养应注意以下方面。

1. 注重训练前含糖食物的摄入

力量训练中，大学生的总热量消耗比较高，因此要注重糖的补充。糖类食物应占总热能的 55% ~60%，提高糖储备。

2. 训练前含糖运动饮料的补充

快速力量训练对血糖水平要求较高，在训练前和训练中补充含糖的运动饮料可以提高血糖浓度，提高维持血糖浓度平衡的能力。

3. 肌酸的补充

肌酸由肝在身体中自然合成，肾脏和胰腺中有少部分。肌酸也可以通过食物获取（肉和鱼）。98% 的肌酸储存在肌肉中。增加肌肉肌酸浓度可以提高 CP 含量，提高磷酸原代谢能力。

4. 蛋白质营养

膳食中优质蛋白质和优质蛋白粉的补充有利于促进肌肉的合成，蛋白质的供给量最好为每日每千克体重 2 g 以上，占总热量的 18% ~20%，优质动物性蛋白质至少占 50%。

5. 水果和蔬菜的补充

为了发展肌肉和神经肌肉的协调性，补充维生素 B_1、维生素 B_2，应多摄入绿叶蔬菜，特别是在训练的初期。同时，为了缓冲体内的酸性，应多吃蔬菜水果等碱性食物，补充钠、钾、钙、镁离子，增加体内的碱储备，保证神经肌肉的正常功能。

第七章
体能训练的心理学基础

运动心理学作为运动训练的重要支撑学科，可以帮助大学生提高心理应对能力，促进运动技能的学习，提升体能训练的效果。本章将围绕体能训练实践中常见的心理问题和心理现象，介绍动机、情绪、注意力等基本概念和调节方法，讨论如何在体能训练指导中运用沟通、放松等心理技能，探讨多通道学习策略、节奏策略、应激—适应理论、大学生个体差异和评估等理论知识在体能训练实践中的应用方法。

一、运动心理学与体能训练概述

运动心理学是将心理学原理应用于运动或者锻炼中，提高训练效果和运动表现的科学，主要研究心理因素和情绪因素对运动成绩和锻炼效果的影响，同时也研究竞技运动和参与体育锻炼对于心理和情绪因素的影响。

体育教师在长期执教的过程中，熟知大学生身体、技术、心理方面的特点，如能熟练掌握和运用运动心理学原理，用于日常的体育教学中，将对提升训练和实战水平有重要的指导作用。可以对大学生开展心理训练和心理咨询工作，帮助大学生发展心理技能以提高运动表现，同时处理巨大竞技压力下，困扰大学生的情绪障碍和人格问题。

体能训练作为运动训练学的重要组成部分，需要准确评估大学生的体能现状、选择适宜的训练手段和方法、制定合理的训练计划、进行系统的训练才能取得如期效果。在此过程中，运动心理学与运动医学、运动生物力学等学科一样，是训练有效开展的重要支撑学科。运动心理学独有的对人思想、意识、行为进行研究和应用的属性和功能，与当前的体能训练问题高度契合，学习、掌握及应用运动心理学知识，有助于体育教师和大学生系统地看待和处理技术训练与体能训练的关系，有利于体育教师和大学生建立良好的"教学训练"关系，有助于激发和保持大学生充足的训练动机，有助于大学生形成和保持积极的情绪状态，有助于培养大学生的训练计划执行能力和自我管理能力，有助于体育教师高效地组织训练，从而实现训练效果不断提升、运动表现不断提高的训练初衷。

二、训练动机的激发和保持

动机是一个人进行活动的心理动因和内部驱力，是对所有引起、支配和维持生理和心理活动的过程的概括。

（一）影响训练动机的因素

影响大学生体能训练动机的因素很多，归纳起来主要有以下几点。

1. 训练没有取得如期效果

大学生体能训练最重要的目的，就是不断提高身体素质。如果大学生较长时间不能取得如期的训练效果，动机水平就会严重下降。

2. 训练环境的单调和枯燥

训练环境的单调和枯燥主要是指大学生反复进行体能训练，不断挖掘自身的生理和心理潜力，这个过程往往是重复单调的，会影响大学生进行训练的热情。

3. 体育教师的执教理念和执教方式

体育教师的执教理念和方式对于建立良好的"教学训练"关系，起着十分重要的作用。传统的执教方式过于以体育教师为中心，导致大学生被动跟随训练，训练主动性和自觉性均有很大欠缺。长此以往，大学生主动解决问题的能力会下降。研究表明，体育教师的训练指导行为、社会支持行为和奖励行为可以有效地调动大学生参加训练的积极性。

（二）激发和保持动机的方法

大学生的动机水平是动态变化的，动机的激发工作必须是长期的，不会一劳永逸，也不会一蹴而就。

1. 了解大学生的动机或需求

提高身体素质是大学生最重要的需求和动机，但绝不是训练的唯一动机，还有赞许、自主、表现、成就、独立、正面关注、情感等需求需要满足。体育教师了解和满足大学生的需求，可以极大地增强大学生的训练动机。

（1）乐趣和挑战性

乐趣是指人感到快乐的意味。熟练控制肢体活动是人天生的乐趣之一，譬如婴儿刚学会走路时可以乐此不疲地走个不停。传统训练方式注重基本功和基础能力的训练，训练方法和手段相对单一。以简单重复性练习为主，很容易导致训练内容脱离实战要求，让训练变得单调和枯燥，导致大学生从训练中得到的乐趣减少，训练动机下降。获得训练乐趣的重要方法就是以实战的方式去组织训练，让训练充满挑战。近年来，功能性体能训练的兴起与其训练充满乐趣、贴近实战需要有很大的关系。

（2）赞许、正面关注、情感需求

大学生不是执行训练计划的"机器人"，是充满丰富情感的人。在训练过程中，尤其是训练的艰难阶段，期望得到体育教师的认可，希望被爱和被尊重，希望与体育教师进行情感上的交流，这些需求都需要体育教师正面积极地关注才能满足，而不是抱怨、指责、讽刺、漠视。体育教师通过语言和行为，积极肯定大学生的进步、关注大学生的生涯发展、设身处地为大学生考虑，消除大学生的"被工具"意识，可以激发大学生的训练动机。

（3）成就、表现需求

在保证训练目标实现的前提下，体育教师选择和使用更丰富的训练方法和手段，取得易于观察的训练效果，为每个大学生提供表现自我的机会，将会大大激发大学生训练的动机。

2. 在体能训练中使用目标设置策略

目标是行动所需达到的目的，又是引起需要，激发动机的刺激条件外部，心理学称之为诱因，行为学称之为目标。适宜的目标设置不仅可以激发大学生的动机，还可以帮助大学生安排训练和生活中重要事项的顺序，明确训练的方向，增加对训练的投入，提高自信心。

目标可以分为结果目标、过程目标、操作目标三种。研究表明，大学生最佳表现的取得是各种类型目标的结合使用基本上。当你希望大学生专注过程时，并不说明结果目标不重要，只是暂时被搁置起来；大学生如果没有取胜的结果目标，也很难专注于过程。判断目标好坏的标准在于大学生的注意力是否放在设置的目标上。

体能训练中必须帮助大学生设置明确的目标，找到实现目标的途径。目前的体能训练中，目标设置主要存在目标不明确，目标不能测量等问题。好的目标设置通常有以下几个特征。

第一，设置明确、具体、可测量且容易观察的目标。体能训练易于制订测试评价指标，但在体能训练实践中往往被忽略，一定要定期对训练效果进行测试、评估及反馈。

第二，设置既有困难又有可实现性的目标。目标不能太容易，当然也不能太难，中等难度的目标有利于完成，并能增强大学生的自信心和对体育教师信任感。

第三，长期目标与短期目标相结合。长期目标是多个短期目标的集合，对短期目标起调节作用。短期目标比长期目标更能使人形成积极的期望，增加训练的乐趣和训练动机，有助于大学生对自己的能力做出准确的评价。

第四，操作目标与结果目标相结合。操作目标可以帮助大学生把注意力集中在需要练习的任务和训练上，更好地实现结果目标。

第五，体育教师和大学生共同制定目标。体育教师制定训练计划时，经常根据自己对大学生的观察和训练需要，单方面为大学生设定目标，导致大学生被动训练感增强。研究表明，如果让大学生参与训练目标的制订，可以极大地调动大学生的主观能动性，变"要我练"为"我要练"。

第六，目标设置应该有清楚的时间限制，并定期检查和评估。制订具体目标不设定完成时间，目标往往很难实现。

3. 合理使用强化手段

激发大学生动机的目的在于帮助大学生形成训练的行为习惯。行为强化是养成习惯的重要方法，是在大学生表现适当或者正确的行为后给予奖励，表现不当或者错误的行为时给予惩罚，促使其改正的处理过程。

三、情绪调控对训练的影响

大学生训练热情的缺乏，经常出现在训练周期的开始阶段、高强度和大运动量阶段、一堂训练课的开始阶段，如果这时不采取积极措施，调动大学生的情绪，很可能导致训练不能取得如期的效果，甚至会因为情绪低落导致受伤。所以在体能训练中，情绪的调控非常重要。

情绪是一种躯体和精神上的复杂的变化模式，包括生理唤醒、感觉、认知过程以及行为反应。

情绪具有动机作用，在体能训练中，情绪可以激发、组织、维持、导向训练行为。情绪的生理机制证明，情绪启动行为的速度远远大于认知调节行为的速度，这点对于体能训练非常重要。通过体育教师与大学生的人际互动和训练环境的改善，可以让大学生处于积极情绪状态中，保持训练动机。

影响大学生竞技表现的最常见的情绪是焦虑和过度紧张，而厌烦、倦怠等情绪主要与日常训练密切相关。

四、注意力的保持和调控

（一）注意力对体能训练的影响

注意力是对一定事物的指向和集中，是个体对情境中众多刺激，只选择一个或者一部分去反应，获得知觉经验的心理活动。注意力是体能训练中自我控制的中心，不论是动机激发还是情绪激发，或是认识调节，终极目的都是帮助大学生将注意力集中于当前的技术动作上，取得训练效果和优异运动表现。

注意从是否需要意志努力上可以分为有意识注意和无意识注意。有意识注意又称为随意注意，是指个体预先有目的，需要经过意志努力的注意。无意识注意是指无需意志努力，没有预先的目的，不由自主地对一定事物的关注。有意注意更多受到动机和需求及意志的影响，无意注意更多受到刺激特征的影响，一是刺激相对于环境的新异性，二是那些对个体特别有意义的事情。

（二）体能训练中注意力的调节方法

体能训练中的注意力调节主要有两个方面，一是疲劳、疼痛、担心受伤、训练环境中的新异刺激等导致训练中的大学生注意力不集中，二是配合专项需要的注意力训练。下面列举一些预防和避免体能训练时分心的注意力调节方法。

第一，根据生命基本的休息和活动周期循环特征，一次体能训练课的时间不宜过长。

第二，设计并使用关键线索词，可以是动作完成的线索词，也可以是调动情绪、动机的线索词，比如"腰部发力""腹部收紧""保持头部正直"等，有利于大学生专注于当前的动作；再比如"坚持一下，最后一组""想象自己是全运会上的最后一跳，发力"等，有利于调动大学生的情绪。体育教师要及时准确地使用线索词，尤其是在困难情境下，比如每组动作的最后几次。充满激情的语言和表情，会极大地感染和带动大学生克服疼痛和疲劳造成的不适感，高质量地完成当前的动作。

第三，根据训练目标，利用无意识注意的特征，不定期选择不同的训练方法和手段及组织训练方式，保持训练的新鲜感，有助于提高训练时大学生的专注程度。

第四，讲解训练的目标和要求，调动大学生的动机和情绪，可以提高大学生有意识注意的能力，尤其是在高强度训练中，目标和情绪有助于克服训练产生的身心不适的感觉，帮助大学生将注意力集中于当前的动作任务上。

第五，训练过程中，保持训练环境相对封闭和稳定，减少新异刺激，避免与训练无关的刺激对大学生的干扰。

五、沟通在体能训练过程中的应用

一名成功的体育教师一定是具有良好的沟通能力的人。指导大学生进行体能训练，激发和保持大学生的动机需要高质量的人际关系提供保障，而高质量人际关系的建立和维护需要体育教师具备良好的沟通技巧和能力。

沟通作为一项技能，不是天生的，可以通过训练提高。它需要体育教师在指导大学生训练的实践过程中不断学习和练习，不断总结和反思，才能提高。

沟通特指体育教师与大学生、其他体育教师之间表达与交流思想观念、传递知识信息、交流情感的过程。沟通的形式包括语言和表情、肢体动作等非语言形式等。有效的沟通有如下特征。

（一）沟通是双方信息的交流

沟通是双方信息的交流，一方发出信息，一方接收信息，才能算是一次有效的沟通。简单地说，就是"体育教师说，大学生听；大学生说，体育教师听"。在体能训练实践中，体育教师不仅需要重视对大学生进行指导、反馈，同样应该重视倾听大学生的声音，因为大学生是训练的主体，他们最了解训练方法和手段作用于身体的感觉。

（二）沟通包括语言的交流，也包括非语言的交流

通常情况下，体育教师习惯用语言对大学生进行指导，指导时注重语言内容的表达，往往忽略了非语言方式，比如表情、肢体动作的交流。有研究表明，沟通过程中，65% ~93%的语义是通过语调和非语言行为表达出来的。在竞技实战和训练中，很多时候体育教师无法直接用语言进行指导，而非语言沟通则不受限制，所以，在沟通中既要注意语言的交流，也要重视非语言的交流。

（三）沟通既是信息的准确传递，又是情感的充分表达

体育教师和大学生沟通时，通常非常注意信息内容的传递，比如"注意手型""注意脚下"等等。体育教师通常认为这样的信息大学生可以百分百理解，其实在实践中并不完全如此。对于一个熟练掌握技术动作的大学生来说，准确理解体育教师的意图可能不难，但是对于正处于学习技术动作阶段的大学生来说，也许他并不知道如何做到"手型正确"，脚下该如何移动，所以要求体育教师在沟通指导时使用清晰恰当的语言进行信息传递，比如使用"拦网手发力时五指分开""脚后跟抬起来些"等语言，让大学生更清楚如何去做。

沟通除了内容信息的传递，还包含着丰富的情感因素。比如我们使用"手又慢了""脚尖怎么总是偏啊"这样的语言时，或许体育教师想要表达的是大学生所做动作的实际情况，但大学生听到的可能是对他的一种指责和埋怨，如果这个时候体育教师再有一些"怎么总记不住"之类的话，就更强化了大学生这样的感觉。如果换一种说法，比如"手再快一些""脚尖朝前"，大学生听到的就不仅是动作的指导，还有体育教师的关注和鼓励。

六、放松在体能训练过程中的应用

体能训练的过程就是机体能量不断被消耗的过程，是机体被高度唤醒后逐渐恢复到平衡的过程。体能训练后及时放松，有助于消除训练产生的神经和生理疲劳，帮助大学生快速恢复体能。

放松是调整视觉、听觉、触觉、味觉、嗅觉等五种感觉通道接受刺激的质量和数量，促进机体从高度唤醒后恢复到平衡状态的技术。

训练会引起中枢神经系统的过分唤醒，这时大学生就会处于应激反应之中，会精神紧张，身体也会感到压力，例如心率加快、反胃和出汗。大学生常采用腹式呼吸、渐进放松、音乐放松等方法，降低训练导致的中枢神经系统和交感神经系统的兴奋性，使过分紧张的肌肉适度放松，消除中枢系统疲劳，提高睡眠质量。

通过调节神经系统，可以降低机体能量的消耗。有研究表明，系统的心理行为干预可以降低运动训练导致的外周血糖皮质激素反应，一定程度上降低训练过程中的生理和心理能量消耗。

放松的技术很多，比如腹式呼吸练习、冥想、音乐放松、瑜伽等。体能训练中的放松训练不仅要安排大学生进行自我练习，更要在体能训练计划中得以体现，如同准备活动和肌肉拉伸一样，成为独立的训练单元。放松训练可以安排在训练的最后部分，也可以独立安排进行。比如腹式呼吸练习，选择舒适的姿势，慢而深地吸气和吐气，集中注意力于呼吸上，伴有腹部运动。

七、节奏策略在体能训练中的应用

运动心理学理论的研究成果来源于训练和实战实践，不仅可以解决训练和实战过程中的具体问题，而且可以和已有的训练理论相结合，从理论的角度和高度上，参与体能训练计划的制订和实施，提高训练的效果。

体能训练是一个不断克服疲劳和忍受疼痛的过程，是不断寻求临界运动负荷，提高机体适应水平的过程。大强度体能训练中，大学生为了高质量地完成每一个训练动作，会采取节奏策略来延缓疲劳的出现，使运动表现最优化。

节奏策略是为了使运动表现达到最佳水平，在不会对生理系统造成不可恢复的损害的前提下，机体根据预定的计划对能量输出有意识或潜意识地调节的策略，其实质是中枢神经系统的一种"疲劳管理策略"。

典型的节奏策略包括几个阶段：开始是一个很短的高功率输出阶段，紧接着是功率输出剧减阶段，然后一直维持到训练的最后阶段，输出功率可能会再次升高。

节奏策略并不是一成不变的，大学生可以根据具体训练时间的长短、训练时的外部环境、动机水平、训练知识与经验以及大学生当时的生理状况，采取最适宜的节奏策略。

疼痛和疲劳是机体的适应性保护反应，它的出现防止了机体被进一步破坏，但是体能训练的目的就在于打破机体现有的平衡状态，通过提高适应水平来实现运动能力的增长。节奏策略对加大运动负荷，克服疲劳和疼痛感有一定的制约作用。在体能训练中，可以采用如下步骤，帮助大学生延迟疼痛或疲劳感觉的出现，提高大学生忍受疼痛和疲劳的能力。

第一，测定训练者当前对疼痛与疲劳的忍受水平，并帮助其了解自己的疲劳承受能力。

第二，帮助训练者理解有关疲劳的机制以及人类自身潜能的科学知识。

第三，实施关于疲劳疼痛忍受性的认知信念训练程序，强化训练者关于"人类有能力掌握身心间的联系，并排除强度障碍，突破当前极限"的信念。

第四，实施综合性的疲劳控制训练程序（呼吸调节技能、肌肉放松技能、表象技能、自我暗示技能），帮助提高大学生在极限负荷下的心理承受能力。

八、适应理论在体能训练中的应用

适应是生物活动的基本规律之一，指生物体调整自己适应环境的能力，或促使生物体更适于生存的过程。对体能训练来说，训练负荷作为刺激，不断施加给机体，中枢神经协调并校正不同器官和系统在负荷下的协作，使机体出现一种有效的训练结果，即运动能力和水平提高的过程。

训练负荷作为刺激，当其达不到或者超出了神经系统协调和控制的范围，即超出了机体的适应水平时，机体就会对该刺激不做出反应或出现负反应。

适应水平是引起机体某种反应或机体产生中性反应的刺激值。机体受刺激作用产生的有益于提高运动能力的心理效应和生理效应，一方面取决于刺激物体的特性——训练负荷的特性，另一方面取决于机体的适应水平。

有机体的适应能力或者适应水平具有一个受遗传决定的极限，是受个体条件限制且会枯竭的适应力。体能训练的过程是寻求适应训练方法，无限接近适应极限的过程。

根据适应理论的基本观点可知，训练实践的过程就是在大学生适应水平的范围内，不断寻求临界训练负荷的过程。训练过度和训练不足是体能训练中负荷安排的常见问题。训练负荷作为刺激，在体能训练的实践应用中，应遵循以下几个原则。

第一，理论上，每个人的体能训练负荷都应有所不同，实践中虽然很难做到，但是应尽可能地根据大学生的体能评估结果，分类分组制定训练负荷。

第二，一种训练手段和方法及训练计划可以导致多种适应的出现，即可以导致不同的训练效果；多种训练手段和方法及训练计划，也可以产生相同的适应，即可以导致相同的训练效果。因此，合理评估训练手段的作用和效果非常必要。

第三，适应是多层次的，包括心理、生理、环境等，故训练手段和方法及训练计划的设计和实施应考虑上述因素，提高训练的有效性，提高"实战—训练"的结合程度。

第四，鉴于机体不同能力的水平和发展空间不同，体能训练中，尤其是青少年的体能训练中要优先发展灵敏、协调、平衡、稳定等能力，然后再发展力量和耐力等能力。成年大学生要协调好抗阻力量训练和功能性力量训练的关系。功能性力量的训练可以提高神经多多块肌肉的支配能力，传统抗阻训练可以有效提高每一块肌肉的能力，在整体上提升神经—肌肉系统的功能。

上述这些原则可以作为评判训练计划合理性的参考依据。很多体能问题长期得不到解决，更多时候不是方法本身的选择问题，而是训练计划的制定和执行违背了训练学的基本原理和原则。

第二部分

大学生体能训练实践篇

第一章

热身及动作准备

一、热身和准备活动

大学生体能训练是提高大学生身体素质的重要途径。热身运动是体能训练中极为重要的一环，科学合理的热身程序对于预防运动伤病，提升训练效率，有着不可忽视的作用。

热身运动通常也称准备活动，是指正式进行体能训练前的身体练习。合理充分的准备活动是健身运动前必须完成的重要步骤。热身运动可以提高身体内部的温度，同时也可以提高肌肉的温度，使肌肉变得放松、柔软从更有韧性。一次有效的热身运动还可以加快心率和呼吸频率，进而加快血液流动，促进氧气和营养物质向工作肌运输，有助于肌肉、肌腱和关节为更激烈的训练内容做好准备。

二、动作准备的释义及内涵

动作准备并不同于我们常说的准备活动或热身活动，虽然动作准备属于传统意义上的准备活动的一个部分，但概括来说，动作准备属于准备活动中一种新的模式，可单独成为一个系统的板块。动作准备强调通过动态的方式进行强度逐增的活动练习，这样能提高身体温度，有效伸展肌肉，增加关节活动度，激活肌肉本体的感受功能，逐步提高神经系统的兴奋性。

三、动作准备的功能作用

(一)建立、强化正确的动作模式

动作准备过程中，通过具体的动作练习，强调大学生身体整体动力链的参与，建立起在神经支配下各运动系统之间的联系，使身体各环节有序地组合运动，从而强化正确的动作模式。建立、强化正确的动作模式可以使大学生的训练效益最大化地迁移至体能训练中，提升运动时动作的经济性，减少不必要的能量损失。

(二)提升机体内环境温度

在动作准备过程中，大学生通过一系列强度递增的动作练习，可以使身体温度逐步升高。身体温度的升高可以降低肌肉黏滞性，提高肌肉收缩和舒张的速度，从而增加肌肉力量和爆发力；体温升高可以增加肌肉的氧供应，同时增强体内酶的活性，进而有助于物质代谢水平的提高；体温升高还可以提高肌肉的伸展性和弹性，在一定程度上预防损伤的发生。

(三)有效伸展肌肉

动作准备中的动态拉伸部分是以动态的方式伸展肌肉，这样更符合大学生动态运动的形式，能够发展大学生在动态运动中所需的关节活动度与肌肉柔韧性，降低肌肉黏滞性，从而预防大学生的运动损伤。以动态的方式伸展肌肉，不仅可以使肌肉得到有效的伸展，还可以增加肌肉的弹性和爆发力，使运动器官可以更快地进入工作状态，有利于提高肌肉的工作能力。

(四)唤醒、激活肌肉中的本体感受器

在动作准备的一些动作练习中，身体需要在稳定与不稳定状态之间进行动态转换，本体感受器要根据来自外部的负荷变化及时调整身体姿势，因此通过这种方式能够唤醒、激活肌肉中的本体感受器。唤醒、激活肌肉中的本体感受器可以加强身体在训练中的关节位置感觉和肌肉运动感觉，可以在训练中更好地调整肌肉的力量，协调不同肌肉之间的用力程度，同时可以增强身体的意识和控制能力，进而提高大学生训练的能力与效率，在整体上提升训练效果。

(五)唤醒、激活神经系统

动作准备板块中含有动态稳定性练习和反应性练习。这些练习可以很好地提升大学生的神经系统的专注度与参与度，加快大脑反应速度，唤醒、激活神经系统，提升神经系统的兴奋性。神经系统兴奋性的提升能够加强运动中枢间的相互协调，使躯体在神经系统的支配下，有序、准确、协调地完成动作，从而使大学生训练的能力与效率提高，为正式训练做好准备。

四、动作准备的内容板块

动作准备的相关内容分为三个部分：动态拉伸(dynamic stretch)、动作技能整合(movement skills integration)及神经激活(neural activation)。动作准备内容的三个部分各具针对性，且相互关联，构成了动作准备的一套完整的系统。

(一)动态拉伸

动作准备中的动态拉伸，是通过练习各种动态拉伸的动作，实现对肌肉、关节的拉伸以及体温的升高，同时由于预演了训练科目中的各种基本动作模式，在神经系统中留下了有效痕迹，有利于减少训练过程中代偿性动作的出现，提高训练质量。在动态拉伸中，较大拉伸

幅度下保持动作时，运动环节周围的拮抗肌之间是交互抑制的关系，交互抑制使肌肉产生收缩与舒张的交替变化，这种形式可以激活关节周围的小肌肉群，使其参与到稳定支持关节的工作中去。小肌肉的持续有效工作将有助于改善运动姿势，减小发生损伤的风险。

动态拉伸是相对于静态拉伸而言的。静态拉伸是使身体到达一个肌肉拉长的位置并且保持一定的时间。动态拉伸是以动态的方式进行拉伸练习，强调正确的人体基本动作模式：每个动作在最大拉伸范围处仅保持 1~2 秒，通常选择 4~8 个动作，有顺序地对全身各主要肌群进行伸展。在实践中往往先进行针对髋部各肌群的拉伸动作练习，再进行多关节参与的拉伸动作练习。根据不同训练科目的特殊需求，可增加有针对性的动态拉伸动作。

（二）动作技能整合

在体能训练中，力量、速度、耐力等素质的测量只是对动作绩效的定量描述，忽略了动作内在的质量。拘泥于外在绩效的数量评价是毫无意义的，优质的动作模式才是强大动作绩效的本源和动作安全的最佳保障。动作技能整合练习，是基于动作模式的练习。动作整合中强调在身体整体动力链的参与下，建立起在神经支配下各运动系统之间的联系，使身体各环节有序地组合运动，从而强化正确的动作模式。整合并强化正确的动作模式，可以增加训练的经济性，减少不必要的能量损耗。在准备活动过程中采用基本动作模式的训练，依靠痕迹效应可以更好地为之后进行的主体训练做好准备。

（三）神经激活或者快速反应

神经激活练习可以很好地提高神经系统的专注度与参与度，使大脑反应速度加快，提高中枢神经系统的兴奋性。神经系统兴奋性的提升能够加强运动中枢间的相互协调，使躯体在神经系统的支配下，有序、准确、协调地完成训练，进而提高身体的完成训练的能力与效率，为正式训练做好准备。进行神经激活练习时，我们一般都以基本运动姿势为起始动作，进行快速移动练习和反应练习，力求在短时间内完成尽可能多的重复动作，或者是依据口令做出相应的动作反应。

五、动作准备的内容设计

（一）动作准备的设计原则

总体时间控制：8~15 min。

间歇时间：基本无间歇，练习之间进行转换时自然过渡。

动作数目：动态拉伸部分选择 4~8 个动作，动作技能整合及神经激活部分各选择 2~3 个动作。

动作次数：动态拉伸、动作技能整合部分每个动作 6~10 次，单边动作每边 3~5 次；神经激活部分每次持续 3~8 s。

组数安排：动态拉伸、动作技能整合部分动作只做 1 组，部分涉及动作模式的练习，需要强化时可适当增加组数。神经激活做 2~3 组。

动作选择：在进行动作准备时，我们需要考虑不同训练科目的特殊需求和将要进行的训练课的主体训练内容,以这两方面为参考,进行有针对性的动作准备,目的是方便大学生选择符合需要的动作进行动作准备;动作准备包括三个部分,我们将其中的动作技能整合、神经激活部分按照不同的动作模式进行了动作分类,而动态拉伸练习的动作选择主要根据在主体训练中采用的动作模式及参与的肌肉而定。

(二)动作准备的具体设计方案示例

以主体训练内容为发展纵向加速能力及纵向跑动的训练科目为例,比如 800/1000 m 跑,可采用表 1 - 1 所示的动作准备练习方案。

表 1 - 1　动作准备设计方案示例

序号	练习内容	动作选择	次数/时间	组数
1	动态拉伸	抱膝前进、后交叉弓步、脚后跟抵臀—手臂向前伸、向前跨步肘抵脚背、燕式平衡、向后弓步侧屈、侧弓步	每边 3~5 次	1 组
2	动作整合	纵向军步走 纵向垫步跳	每边 8 次 每边 8 次	1 组 1 组
3	神经激活	2 in 碎步跑 单腿快速前后跳	3~8 s 3~8 s	2 组 2 组

注:1 in =5.08 cm

六、具体操作方法和动作

(一)动态拉伸

(1)抱膝前进

> **动作功能**
> ● 拉伸臀大肌,提高平衡能力。
>
> **动作要点**
> ● 直立姿正常站位,两脚分开与肩同宽,右腿向前迈一步,呈运动分腿姿(图 1 -1);
> ● 左膝抬至胸前,双手抱膝向上提拉,右脚后脚跟踮起,收紧右臀,保持背部挺直,拉伸动作保持 1~2 s;
> ● 向前迈左腿,重复刚才的动作,循环进行,完成规定次数;
> ● 注意在拉伸过程中保持胸部挺直,收紧支撑腿的臀部。

图1-1　抱膝前进

(2)斜抱腿(摇篮抱腿)

动作功能

● 拉伸臀大肌以及大腿外侧肌肉。

动作要点

● 直立姿正常站位,双脚分开与肩同宽,抬头挺胸,腹部收紧,右腿向前迈一步,呈运动分腿姿(图1-2);

● 左膝抬至胸前,左手抬膝,右手抬脚踝呈"摇篮"状,缓慢用力向上提拉,同时右脚跟跷起,收缩右腿臀大肌,拉伸动作保持1~2 s;

● 向前迈左腿,重复刚才的动作,循环进行,完成规定次数;

● 注意在拉伸过程中保持胸部挺直,收紧支撑腿一侧的臀大肌。

图1-2　斜抱腿(摇篮抱腿)

（3）后交叉弓步

动作功能

● 拉伸阔筋膜张肌、臀大肌、髂胫束等肌群。

动作要点

● 直立姿正常站位，两脚分开与肩同宽，背部平直，腹部收紧，双臂抬起与地面平行（图1-3）；

● 左脚向右迈出，呈交叉站立姿，开始深蹲，至感受到右腿外侧有较强的牵拉感，保持1~2 s；

● 站起后左脚迈回到起始站姿，右脚重复刚才的动作，循环进行，完成规定次数；

● 注意保持胸部挺直，重心在前脚脚后跟上。

图1-3　后交叉弓步

（4）脚后跟抵臀—手臂上伸

动作功能

● 拉伸股四头肌等肌群。

动作要点

● 直立姿正常站位，两脚分开与肩同宽，背部平直，腹部收紧（图1-4）；

● 左腿微屈，用右手抓住右脚踝，右脚后跟抵臀，左脚踝踮起向上伸展，同时上举左臂，右手用力拉伸右腿股四头肌，持续1~2 s，换对侧重复刚才的动作，完成规定次数；

● 注意保持膝盖指向地面，牵拉时保持臀大肌收紧，不要过度伸展下腰背。

图1-4 脚后跟抵臀—手臂上伸

(5)最伟大拉伸—向前跨步肘抵脚背

动作功能

● 拉伸腹股沟、髋关节屈肌、大腿腘绳肌、小腿腓肠肌、臀大肌等肌群。

动作要点

● 直立姿窄站位，两脚间距比肩宽稍窄，背部平直，腹部收紧，双臂垂于身体两侧，左腿抬高至大腿与地面平行后，向前跨步成弓箭步，感觉右侧臀部收紧(图1-5)；

● 俯身，双手支撑在脚两侧，保持牵拉姿势1~2 s；

● 左手从左腿外侧向上打开，眼睛看手掌指尖，两臂呈一直线，左侧髋部指向天空，保持牵拉姿势1~2 s；

● 左手回来支撑于左脚外侧地面，左腿伸直，脚跟支撑，脚尖用力绷起，保持牵拉姿势1~2 s；

● 回到弓步姿势放松，右腿蹬起回到开始站立姿态，换对侧腿，重复相同的动作，完成规定次数；

● 始终保持后腿膝关节不接触地面，拉伸时处于伸直状态，并注意收紧臀大肌。

图1-5 最伟大拉伸—向前跨步肘抵脚背

（6）向后弓步—旋转

动作功能

● 拉伸髋关节屈肌、臀大肌以及腹内、外斜肌，增加胸椎活动度。

动作要点

● 直立姿窄站位，两脚间距比肩宽稍窄，左腿向后跨步呈弓步分腿姿，保持右侧大腿与地面平行（图1-6）；

● 左手置于右腿膝关节外侧，右臂向身体后方外展，同时躯干慢慢向右旋转至最大幅度，眼睛跟随右手指尖，保持拉伸姿势1~2 s。换对侧重复刚才的动作，完成规定次数；

● 注意前腿膝关节不要超过脚尖，牵拉时收紧后腿一侧的臀大肌。

图 1-6　向后弓步—旋转

（7）反向腘绳肌拉伸（燕式平衡拉伸）

动作功能

● 拉伸腘绳肌，加强平衡能力。

动作要点

● 直立姿双腿站位，右脚抬离地面，背部平直，腹部收紧，双臂侧平举与身体成90°，手掌半握，大拇指朝上，肩胛骨朝向后下方（图 1-7）；

● 保持头部与脚踝呈一条直线，俯身并向后抬高右腿，右侧臀部收紧，双手大拇指始终朝上，至身体与地面平行，保持牵拉1~2 s，并保持身体平衡；

● 收紧臀大肌和腘绳肌，回到站立位置，换对侧腿，重复刚才的动作，双腿交替进行，完成规定次数；

● 注意保持支撑腿微屈，背部挺直，髋关节与地面平行，耳、臀部、抬起的腿的膝盖和脚踝呈一条直线，尽量使抬起的脚不接触地面。

图 1-7　反向腘绳肌拉伸（燕式平衡拉伸）

（8）侧弓步移动

动作功能
- 拉伸大腿内侧肌群及腹股沟。

动作要点
- 直立姿正常站位，两脚分开与肩同宽，背部平直，腹部收紧，双臂垂于身体两侧（图1-8）；
- 左腿向左迈出，呈侧弓步，身体重心移至在左腿上，脚尖向前，下蹲的同时保持右腿伸直，保持1~2 s；
- 换方向重复刚才的动作，完成规定次数；
- 注意保持胸部和背部平直，脚尖始终向前，保持重心在支撑腿的脚跟上，膝关节不要超过脚尖。

图1-8　侧弓步移动

（9）相扑式深蹲—腘绳肌拉伸

动作功能
- 拉伸大腿腘绳肌和腹股沟。

动作要点
- 直立姿正常站位，两脚分开与肩同宽，背部平直，腹部收紧，双臂垂于身体两侧，俯身双手抓住脚尖，保持双腿呈直膝状态（图1-9）；
- 下蹲，髋部贴向地面，双手置于两膝内侧，胸部向上挺直；
- 保持背部平直，臀部向上直到腘绳肌感到牵拉，保持1~2 s，若比较轻松，双手抓住双脚前部缓慢用力上掰，同时双膝逐渐伸直，感受到大腿后群肌肉有较强的被牵拉感，保持1~2 s；

- 若要降低动作难度,可以在脚跟处垫一个1~3 cm的垫片做辅助,随着灵活性的提升,辅助物的高度可以逐步降低;
- 注意保持胸部和背部平直,脚后跟不要离地,肘关节在膝盖内侧,起来的时候下腰背和股四头肌发力。

图1-9　相扑式深蹲—腘绳肌拉伸

(二)动作技能整合

1.基本姿势强化练习

动作功能:强化正确的动作模式,有利于提升运动表现。

(1)双腿运动姿

动作要点

- 直立姿正常站位,为起始姿势;
- 快速转换为双腿站立的运动基本姿,保持背部平直,腹部收紧,膝关节与髋关节保持屈位(图1-10)。

(2)单腿运动姿

动作要点

- 直立姿正常站位,为起始姿势;
- 快速转换为稳定的单腿站立的运动基本姿,保持背部平直,腹部收紧,膝关节与髋关节保持屈位(图1-11);
- 注意转换过程中身体核心的控制和稳定。

图 1 – 10　双腿运动姿

图 1 – 11　单腿运动姿

2. 快速伸缩复合训练板块准备练习

【原地练习】

（1）摆臂下蹲

动作要点

- 直立姿宽站位，两脚间距稍宽于肩，背部挺直，腹部收紧，双臂伸直，举过头顶，保持掌心相对（图 1 – 12）；
- 双臂快速向下摆动至髋关节位置，同时髋关节向后移动，呈运动基本姿，膝盖不要超过脚尖，双脚不要移动；
- 注意下蹲速度要快，用臀部和腿部发力，下蹲时膝盖不要内扣，下蹲后保持身体姿势，运动过程中保持胸部和背部平直。

图 1 – 12　摆臂下蹲

（2）进阶变化1：双腿基本姿—跳蹲—呈双腿运动姿支撑

动作要点

● 快速变化时双臂快速向下摆动，身体跳起，落地时呈稳定的双腿运动基本
姿（图1-13）。

图1-13　双腿基本姿—跳蹲—呈双腿运动姿支撑

（3）进阶变化2：双腿基本姿—跳蹲—呈单腿运动姿支撑

动作要点

● 快速变化时双臂快速向下摆动，身体跳起，落地时呈稳定的单腿运动基本
姿，并保持身体平衡（图1-14）。

图1-14　双腿基本姿—跳蹲—呈单腿运动姿支撑

（4）进阶变化3：单腿基本姿—跳蹲—呈同侧单腿运动姿支撑

动作要点

● 起始姿势为单腿站立，快速变化时双臂快速向下摆动，身体跳起至落地时，支撑腿不变，呈稳定的单腿运动基本姿，并控制身体平衡（图1－15）。

图1－15　单腿基本姿—跳蹲—呈同侧单腿运动姿支撑

（5）进阶变化4：单腿基本姿—跳蹲—呈对侧单腿运动姿支撑

动作要点

● 起始姿势为单腿站立，快速变化时双臂快速向下摆动，身体跳起至落地时，支撑腿换为对侧腿，呈稳定的单腿运动基本姿，并控制身体平衡（图1－16）。

图1－16　单腿基本姿—跳蹲—呈对侧单腿运动姿支撑

【纵向练习】

（1）纵向—同侧腿跳—呈稳定性支撑

动作要点

- 左侧单腿运动姿站立，左脚微微抬离地面，背部平直，腹部收紧，双臂垂于身体两侧；
- 手臂向上快速摆起，并向前上方跳起（图1－17）；
- 右侧脚落地，呈同侧单腿运动姿站立，横断面上膝关节不要过脚尖，并控制身体平衡。

图1－17　纵向—同侧腿跳—呈稳定性支撑

（2）进阶变化：纵向—对侧腿跳—呈稳定性支撑

动作要点

- 换为对侧腿落地，并控制好身体平衡（图1－18）。

【旋转练习】

（1）CM—旋转跳90°

动作要点

- 双腿运动基本姿站立，双脚分开与肩同宽，背部平直，腹部收紧，双臂微屈垂于身体两侧；
- 手臂向上快速摆起，双脚蹬离地面，身体向右方（或左方）旋转90°（图1－19）；
- 落地成双脚运动基本姿。

图 1-18　纵向-对侧腿跳-呈稳定性支撑

图 1-19　CM—旋转跳 90°

（2）CM—旋转跳 180°

动作要点

● 双腿运动基本姿站立，双脚分开与肩同宽，背部平直，腹部收紧，双臂微屈垂于身体两侧；
● 手臂向上快速摆起，双脚蹬离地面，身体向右方（或左方）旋转180°（图 1-20）；
● 落地成双脚运动基本姿。

图 1 – 20 CM—旋转跳 180°

3.动作技能板块准备练习
【原地练习】
(1)原地—军步走

动作要点

- 直立姿正常站位，双脚分开与肩同宽，背部挺直，腹部收紧，双手自然放于身体两侧；
- 抬起左腿至大腿与地面平行，脚尖向后绷起，自然摆臂，呈踏步姿势（图 1 –21）；
- 左脚前脚掌落地并向下用力蹬地，同时换右腿抬起，两腿交替，循环进行。

图 1 – 21 原地—军步走

（2）原地－垫步跳

动作要点

● 直立姿正常站位，双脚分开与肩同宽，背部挺直，腹部收紧，双手自然放于身体两侧；
● 抬起左腿至大腿与地面平行，脚尖绷直，自然摆臂，呈垫步姿势（图1-22）；
● 左腿从提起向支撑转换过程中，用前脚掌用力蹬地，在脚掌着地瞬间，借助地面对人体的反作用力，快速做一个垫步跳，然后继续蹬地，即左脚与地面产生两次接触后，同时换右腿抬起，两腿交替，循环进行。

图1-22　原地—垫步跳

【纵向练习】

（1）直腿军步走

动作要点

● 直立姿正常站位，双脚分开与肩同宽，背部挺直，腹部收紧，双手自然放于身体两侧；
● 左腿伸直向前踢出，脚尖绷直，自然摆臂，右手在前，左手在后，呈踏步姿势（图1-23）；
● 左脚前脚掌落地并向下用力蹬地，身体重心向前方移动，同时换右腿伸直向前踢出，两腿交替，循环进行；
● 注意腿下落时保证髋部充分伸展，腘绳肌受到牵拉，同时保持支撑腿伸直。

图1-23　直腿军步走

(2)纵向军步走

动作要点

- 直立姿正常站位，双脚分开与肩同宽，背部挺直，腹部收紧，双手自然放于身体两侧；
- 抬起左腿至大腿与地面平行，脚尖绷直，自然摆臂，右手在前，左手在后，呈踏步姿势(图1-24)；
- 左脚前脚掌落地并向下用力蹬地，身体重心向前方移动，同时换右腿抬起，两腿交替，循环进行；
- 注意腿下落时保证髋部充分伸展，运动从臀大肌发力开始，蹬地时整个身体都要发力，当一侧腿着地时，对侧肘关节尽力向后摆。

图1-24　纵向军步走

（3）直腿垫步跳

动作要点

- 直立姿正常站位，双脚分开与肩同宽，背部挺直，腹部收紧，双手自然放于身体两侧；
- 右腿伸直向前踢出，脚尖向后绷紧，直腿抬高的同时，向前摆动对侧手臂（图1-25）；
- 右腿从提起向支撑转换过程中，用前脚掌用力蹬地，在脚掌着地瞬间，借助地面对人体的反作用力，快速做一个垫步跳，然后继续蹬地，即右脚与地面产生两次接触后，身体重心向前方移动，同时换左腿抬起，两腿交替，循环进行；
- 注意腿下落时保证髋部充分伸展，腘绳肌受到牵拉，同时保持支撑腿伸直。

图1-25 直腿垫步跳

（4）纵向垫步跳

动作要点

- 直立姿正常站位，双脚分开与肩同宽，背部挺直，腹部收紧，双手自然放于身体两侧；
- 抬起右腿至大腿与地面平行，脚尖向后绷紧，抬腿的同时，向前摆动对侧手臂（图1-26）；
- 右腿从提起向支撑转换过程中，用前脚掌用力蹬地，在脚掌着地瞬间，借助地面对人体的反作用力，快速做一个垫步跳，然后继续蹬地，即右脚与地面产生两次接触后，身体重心向前方移动，同时换左腿抬起，两腿交替，循环进行；
- 注意腿下落时保证髋部充分伸展，运动从臀大肌发力开始，蹬地时整个身体都要发力，当一侧腿着地时，对侧肘关节尽力向后摆。

图 1 - 26　纵向垫步跳

【横向练习】

(1)横向军步走

动作要点

● 直立姿正常站位，双脚分开与肩同宽，背部挺直，腹部收紧，双手自然放于身体两侧；

● 抬起右腿至大腿与地面平行，脚尖向后绷紧，抬腿的同时，摆动对侧手臂，呈踏步姿势(图 1 - 27)；

● 横向移动时，从左侧支撑腿的脚内侧往脚外侧蹬地并发力，右腿提起后向右侧展髋，右脚前脚掌落地并向下用力蹬地，身体重心向右移动，同时换左腿抬起，保持两腿不要靠拢，两腿交替，循环进行；

● 注意腿下落时保证髋部充分伸展，运动从臀大肌发力开始，蹬地时整个身体都要发力，当一侧腿着地时，对侧肘关节尽力向后摆，始终保持两腿分离。

(2)横向垫步跳

动作要点

● 直立姿正常站位，两脚分开与肩同宽，背部平直，腹部收紧，双臂自然放于身体两侧；

● 向身体左侧抬起左腿至大腿与地面平行，抬腿的同时，摆动对侧手臂(图 1 - 28)；

● 横向移动时，从右侧支撑腿的脚内侧往左侧蹬地并进行发力，左腿提起后向左侧展髋准备蹬地，左腿从提起向支撑转换过程中，用前脚掌用力蹬地，在脚掌着地瞬间，借助地面对人体的反作用力，快速做一个垫步跳，然后继续蹬地，即左脚与地面产生两次接触后，身体重心向左侧移动，同时换右腿抬起，两腿交替，循环进行；

- 注意腿下落时保证髋部充分伸展，运动从臀大肌发力开始，蹬地时整个身体都要发力，当一侧腿着地时，对侧肘关节尽力向后摆。

图1-27　横向军步走

图1-28　横向垫步跳

【交叉步练习】
(1)交叉军步走

动作要点

- 直立姿正常站位，双脚分开与肩同宽，背部挺直，腹部收紧，双手自然放于身体两侧；
- 抬起右腿至大腿与地面平行，脚尖向后绷紧，抬腿的同时，摆动对侧手臂（图1-29）；
- 向左横向移动时，从左侧支撑腿的脚内侧往脚外侧蹬地并发力，右脚前脚掌落地并向下用力蹬地，身体重心向左移动，成交叉步姿势，左腿从交叉状态抬起，继续向左横向踏步，两腿交替，循环进行；
- 注意蹬地时保证髋部充分伸展，髋部保持始终向前方向，蹬地时整个身体都要发力，当一侧腿着地时，对侧肘关节尽力向后摆。

图1-29 交叉军步走

(2)交叉垫步跳

动作要点

- 直立姿正常站位，两脚分开与肩同宽，背部平直，腹部收紧，双臂自然放于身体两侧(图1-30)；
- 抬起右腿至大腿与地面平行，抬腿的同时，摆动对侧手臂；
- 向左横向移动时，从左侧支撑腿的脚内侧往脚外侧蹬地并进行发力，右腿从提起向支撑转换过程中，用前脚掌用力蹬地，成交叉步姿势，在前脚掌着地瞬间，借助地面对人体的反作用力，快速做一个垫步跳，然后继续蹬地，即右脚与地面产生两次接触后，身体重心向左侧移动，左腿从交叉状态抬起，继续向左侧踏步，两腿交替，循环进行；
- 注意蹬地时保证髋部充分伸展，髋部始终保持向前方向，蹬地时整个身体都要发力，当一侧腿着地时，对侧肘关节尽力向后摆。

图1-30 交叉垫步跳

（三）神经激活

（1）快速反应——双腿前后跳

动作要点

- 运动基本姿站立，双脚间距稍宽于肩，脚跟略微抬起，背部平直，腹部收紧，双臂微屈垂于身体两侧；
- 双腿有节奏、有弹性地向前后方快速跳跃，双脚前脚掌着地后再次迅速跳起。注意节奏变化，由慢逐步到快，到达极限频率，并尽可能维持几秒再减速（图1-31）；
- 保持身体的基本运动姿，脚尖向胫骨靠拢，运动时脚不要拖地，髋关节、膝关节和踝关节发力；
- 快速运动结束后可继续向前跑动5~10米进行放松。

图1-31　快速反应——双腿前后跳

（2）快速反应——2英寸碎步跑

动作要点

- 运动基本姿站立，双脚间距稍宽于肩，脚跟略微抬起，背部平直，手臂呈前后摆臂状；
- 脚每次抬离地面的高度在5 cm以内，用最快的频率碎步运动，同时缓慢向前移动，注意频率的节奏变化，脚步由慢逐步到快，到达极限频率，并尽可能维持几秒再减速，手臂始终保持较慢的摆臂频率，并注意协调性（图1-32）；
- 保持身体的基本运动姿，脚尖向胫骨靠拢，运动时脚不要拖地，髋关节、膝关节和踝关节发力。
- 跳跃结束后可向前冲刺5~10米进行放松。

图 1-32　快速反应——2英寸碎步跑

(3)快速反应—单侧快速提腿

动作要点

- 运动分腿姿站立，左腿充分伸直，脚跟略微抬起，背部平直，腹部收紧，双臂呈摆臂准备姿；
- 左腿快速向身体前方蹬出，抬至髋部位置，同时右腿伸直，右脚微微踮起，呈单腿军步式站立姿，然后回到开始姿态，循环进行，换对侧腿，进行同样的动作(图 1-33)；
- 注意节奏变化，由慢逐步到快，到达极限频率，保持双脚的弹性和全身的稳定状态，髋关节、膝关节和踝关节发力，在快速运动时全身有类似垫步跳动作的节奏感。

图 1-33　快速反应—单侧快速提腿

（4）快速反应——基本运动姿快速转髋

动作要点

● 运动基本姿站立，脚跟略微抬起，膝关节微屈，背部平直，收紧腹部，双臂微屈垂于身体两侧；

● 保持上身躯干向前，小幅度、有弹性地快速跳离地面，跳跃的同时向右转髋部，向左摆臂，落地后迅速向反方向跳跃，以最快的速度重复跳跃，完成规定的次数（图1－34）；

● 摆臂方向与髋关节转动方向相反，发力集中于髋关节，而不是肩和躯干，始终保持胸部向前，保持上下肢的协调性。

图1－34　快速反应——基本运动姿快速转髋

第二章

力量素质训练

力量是运动之源，人体的运动都必须依靠力量才能实现。力量素质水平的高低对于其速度、耐力等运动素质水平的发展都有重要的影响，同时又是学会和掌握运动技术的必要条件。

一、力量素质的概念及其分类

（一）力量素质的概念

力量素质是指人的机体或机体的某一部分肌肉工作（收缩和舒张）时克服内外阻力的能力。力量素质是人体进行体育运动的基本素质之一，是获得运动技能和取得优异运动成绩的基础，同时也是其他身体素质发展的重要因素。

（二）力量素质的分类

1. 根据力量的性质分类

（1）动力性力量指机体在动态时表现出的肌肉力量。

（2）静力性力量指机体在静态时表现出的肌肉力量。

（3）反应力量指机体在速度性负荷作用下引起牵张反射产生的肌肉力量。

2. 根据力量与专项的关系分类

（1）一般力量指机体各部位肌肉力量的发展水平，是各运动环节克服阻力的工作力；

（2）专项力量指机体在时间、空间方面符合专项竞技动作要求的肌肉力量。

3. 根据肌肉收缩的形式分类

（1）向心收缩力量指机体的肌肉在向心收缩时产生的力量。

（2）离心收缩力量指机体的肌肉在被外力拉伸过程中表现出的力量。

（3）等长收缩力量指机体的肌肉在长度不发生变化时表现出的力量。

（4）超等长收缩力量指机体的肌肉在拉长—缩短过程中表现出的力量。

4. 根据力量训练学分类

（1）最大力量指机体的肌肉克服极限负荷。

（2）快速力量指机体的肌肉在短时间内快速发挥的力量。

（3）力量耐力指机体的肌肉在静态或动态工作时，长时间保持肌肉张力而不降低工作效果的能力。

二、力量训练的基本原则

（一）循序渐进原则

无论是动作技能的掌握，还是训练方法与手段以及训练负荷量与强度的选择都应遵循从泛化到分化、从容易到困难、从小到大的过程，这就是循序渐进原则。力量训练会对中枢神经系统不断地产生刺激，使其产生适应性改变，科学合理地逐渐增加练习的负荷强度与负荷量，使人体不断产生新的生理适应。肌肉由于负荷训练导致力量增长。由于力量增长，原来的负荷变成了低负荷，这时如果不增加负荷，则不利于力量的进一步提高。因此，在力量训练的过程中，需要不断地增加阻力、增加重量和重复次数。

（二）区别对待原则

在力量训练中，除了要遵循一般的训练原则和要求外，还要根据每个人的年龄、身体条件、负荷能力、训练水平、神经等个人特点，结合体能训练任务，确定训练目标，采取有针对性的手段和措施，解决训练中出现的具体问题。力量训练中区别对待之所以重要，主要是因为每个人都有各自的特点。在训练中提出不同的训练指标任务，确定不同的训练内容，采取有区别的训练方法，加强针对性的训练，有利于增强训练效果。

（三）适应性原则

在训练过程中，人体各系统与器官的机能对各种身体练习是逐步适应的，为了取得进一步的发展，就必须探索和采用新的有效的手段与方法。改变握距、站距、项目的顺序、强度、次数、运动量，目的就是为了突破力量训练中的"平台现象"，继续促进肌肉力量的提高。运动中的适应性表示合理和适宜安排训练过程，适应性到某种程度（遇到平台期或瓶颈期）以后，进行变异性训练（改变训练节奏、负荷、内容等）是打破适应性的有效手段。

（四）全面发展原则

人体是一个有机的整体，肌肉的分布大部分都是对称的，肌肉的大小有一定的比例，它们之间互相牵引着，维持着人体的平衡。肌肉力量发展不平衡，做技术动作反而不协调，因此，在力量训练中，也应该考虑身体各部分肌肉的全面平衡发展。肌肉力量发展不平衡，容易出现肌肉拉伤现象。

三、力量训练的方法

（一）肌肉肥大

增加肌肉体积可通过两个途径：肌纤维肥大（即体积或横截面积增大）和肌纤维增生（即数量的增加）。肌纤维直径的增加主要是肌肉横截面的肌纤维密度增加，可以容纳较多平行排列的肌节。增加肌肉横截面积可以直接增加力量和功率输出。基本的肌肉肥大（即增肌）练习是发展最大力量的训练基础，机体对这一训练产生的解剖学适应能使肌肉弹性增加，同时，肌肉肥大训练能够刺激肌肉生长，进而增加肌肉张力，但在训练过程中会产生局部疲劳。在力量训练的最初几周，力量增长但肌肉体积不会发生明显变化，因此该阶段力量的增加主要是由于神经系统对训练产生了适应，8～10周后，肌肉体积明显增加，此时力量的增长是神经系统和肌肉体积变化共同作用的结果（表2-1）。

表2-1　肌肉肥大练习计划负荷设定

力量类型	重复次数	平均%1RM	练习组数	完成时间	间歇时间
增肌练习	9～12次	70～80%	3～6组	40～70 s	<1 min

注：1RM，可以理解为最大力量，最大负荷重量。例如，一名大学生的卧推能举起的最重重量为100 kg，并且只能举起一次，那么他的1RM就是100 kg。

（二）一般力量

一般力量训练是通过神经系统的适应，促进肌肉横截面积增大和肌肉力量增加的平衡。在这一训练过程中应该多注意正确基础动作技术的建立以及灵活性、稳定性和整体代谢容积的训练。

一般力量训练会使肌肉横截面积增大，同时增加肌肉张力，是日后进行最大力量与爆发力训练的基础。较大的训练负荷和强度会增加肌肉弹性，为将来更大的负荷强度做准备。动作技术的建立以及灵活性、稳定性的需求将会在未来的训练中获得更有效的力量训练技术，为最大力量和爆发力训练打下基础（表2-2）。

表2-2　一般力量练习计划负荷设定

力量类型	重复次数	平均%1RM	练习组数	完成时间	间歇时间
一般力量	6～8次	79～85%	4～8组	20～40 s	1～2 min

（三）最大（相对）力量

最大力量是指人体或人体某一部分肌肉工作时克服最大内外阻力的能力，也是指参与工作的肌群或一块肌肉在克服最大内外阻力时，所能动员出的全部肌纤维发挥的最大能力。有些项目要求大学生具有较轻的体重，但同时又要具有较大的克服自身体重的能力，所以要具有较好的最大相对力量，最大相对力量即单位体重所具有的最大力量。最大力量是通过不断增加训练负荷提高的，在此过程中肌肉的收缩能力也有所提高，高于80%1RM最大力量负荷可以增加肌肉的张力，同时募集更多的运动单位。最大力量训练能有效增加肌肉的做功能力，同时提高人体在动态、静态、负重情况下的减速能力。

最大力量训练过程中，组间间歇时必须让肌肉充分的休息与恢复。此过程要求中枢神经系统达到最大的兴奋性，以及高度的专注和积极性，因此最大力量训练可以增强中枢神经系统与肌肉的联系，提高肌肉的协调性和同步性(表2-3)。

表2-3　最大力量练习计划负荷设定

力量类型	重复次数	平均%1RM	练习组数	完成时间	间歇时间
最大力量	≤5次	85~100%	6~12组	<20 s	3~5 min

(四)相对爆发力和快速力量

相对爆发力是指运动员单位体重的张力已经开始增加的肌肉以最快的速度克服阻力的能力，快速力量是指肌肉快速发展力量的能力。相对爆发力和快速力量均由两个有机组成部分确定，即速度与力量。相对爆发力倾向于发展力量速度，快速力量倾向于发展速度力量。

相对爆发力训练在安排重复次数与组数时，应以不降低速度为原则，同时要求中枢神经系统保持良好的兴奋状态，但并不是重复次数与组数越多越好。相对爆发力训练应注意以极限或接近极限的速度完成练习，在间歇时间安排上以保证大学生完全恢复为原则，但不宜过长，否则容易导致中枢神经系统的兴奋性下降，不利于进行下组练习。

快速力量训练在安排重复次数与组数时，也应该以不降低速度为原则。负荷数量与负荷强度关系密切，负荷重量越大，则重复次数越少。在间歇过程中可以采用一些积极性的休息手段，一方面促进恢复，另一方面保持神经系统良好的兴奋状态(表2-4)。

表2-4　相对爆发力和快速力量练习计划负荷设定

力量类型	重复次数	平均%1RM	练习组数	完成时间	间歇时间
相对爆发力	≤5次	45~65%	6~12组	<10 s，短时快速	3~5 min
快速力量	≤5次	30~100%	≤5~10组	最大速度	1~3 min

在影响相对爆发力和快速力量的因素中，力量起主导作用，因此力量的增长有助于爆发力的发展，但力量绝不等于爆发力。比赛中并不是有力量就能把技术运用好，而是需要将身体力量素质与速度、技术、灵敏及协调素质有机结合起来。

(五)力量耐力与爆发力耐力

力量耐力指肌肉在静力或动力性工作中长时间保持肌肉紧张用力、不降低工作效果的能力，即指人体长时间进行持续肌肉工作的能力，也用来评价机体对抗疲劳的能力。力量耐力是既有力量又有耐力的综合性素质。爆发力耐力是指肌肉多次从事连续短时快速工作的能力。国内大部分专家学者根据肌肉工作的方式，普遍将力量耐力分为动力性力量耐力和静力性力量耐力。动力性力量耐力又可细分为最大力量耐力（重复发挥最大力量的能力，即上述的力量耐力）和快速力量耐力（重复发挥快速力量的能力，即上述的爆发力耐力）两种。无论动力性力量耐力还是静力性力量耐力，均与最大力量有密切关系。不同大学生在完成同一负荷重量时的重复次数，主要取决于最大力量。最大力量越大，重复次数越多，则力量、耐力越好（表2-5）。

表2-5 力量耐力和爆发力耐力练习计划负荷设定

力量类型	重复次数	平均%1RM	练习组数	完成时间	间歇时间
力量耐力	>12次	≤70%	2~4组	>70 s	≤30~45 s
爆发力耐力	>10~20次	30~45%	2~4组	短时快速	≤60~90 s

（六）混合训练

混合训练是为了满足大学生在专项运动中的多种力量与爆发力的需求，通过整合上述多种训练形式而进行的综合力量训练。根据不同项目的特殊专项需求，可以把多种训练手段进行组合，比如可以设计以最大力量和肌肉肥大为最终目标的混合训练，或者是以最大力量和最大爆发力为目标的混合训练等（表2-6）。

混合训练可以使大学生在训练过程中，同时提升力量水平、爆发力水平以及耐力水平等，可以让大学生更快地适应多变复杂的混乱环境，提高大学生的综合力量素质。

表2-6 混合练习计划负荷设定

力量类型	重复次数	平均%1RM	练习组数	完成时间	间歇时间
最大（相对）力量	≤5次	85~100%	6~12组	<20 s	3~5 min
相对爆发力	≤5次	45~65%	≤6~12组	<10 s，短时快速	3~5 min
快速力量	≤5次	30~100%	≤5~10组	最大速度	1~3 min
一般力量	6~8次	79~85%	4~8组	20~40 s	1~2 min
肌肉肥大	9~12次	70~80%	3~6组	40~70 s	<1 min
力量耐力	>12次	≤70%	2~4组	>70 s	≤30~45 s
爆发力耐力	>10~20次	30~45%	2~4组	短时快速	≤60~90 s

合理的力量训练计划中必须包括多关节的工作。大部分力量实际上是在注重下肢训练的基础上从下向上建立起来的，力量能使大学生更好地优化地面反作用力的效果。力量和核心稳定性是训练的基本。训练计划必须包含协调和本体感觉，并且要包括拉的动作、上举（推）的动作、蹲的动作以及衍生出的完整运动链。

四、力量训练的注意事项

首先，是负荷的问题。只有在一定的重量条件下进行力量训练，才可能使力量增大。力量训练中采用的负荷不同，效果也不同，因此，在训练中应该做到因人而异、合理安排负荷。其次，是超量恢复的问题。运动中消耗大量能量物质，运动停止，分解代谢居次要地位，能量物质合成开始恢复并超过原来体内的能量物质含量，如果下一次练习是在超量恢复（功能上升并超过原有水平的一段时间内）的阶段进行的，就可以保持超量恢复不会消退，并且能逐步积累练习效果。再次，是训练间隔的问题。合理安排训练间隔时间，可以使爆发力训练更有效。最后，是年龄与性别的问题。同一个人的力量训练，在不同年龄时期的反应不同，男女力量值的大小也有很大差别，因此，在进行训练时应更有针对性。

五、力量训练的具体手段

（一）上肢

1.推

（1）杠铃—卧推

动作功能

● 主要发展胸大肌、肱三头肌和三角肌前束等。

起始姿势

● 平躺在椅上，双手正握杠铃置于胸部正上方，握距微比肩宽，手臂伸直。

动作步骤

● 手肘弯曲，竖直放下杠铃至胸部上方（图2-1）；
● 快速推起杠铃，回到起始姿势，重复以上步骤，完成规定次数。

动作要点

● 全脚掌着地，肩部、背部、头部时刻贴紧椅面；动作过程中，控制双手速度，保持杠铃稳定。

图2-1　杠铃—卧推

（2）哑铃—高分腿姿交替弯举至过顶推举

动作功能

- 主要发展肱二头肌、三角肌和肱三头肌等。

起始姿势

- 高分腿姿，双臂弯举，双手反握哑铃置于肩部前方。

动作步骤

- 左臂内旋放下哑铃至体侧，掌心向后，同时，右臂外旋上举哑铃至头顶，掌心向前，双臂伸直（图2-2）；
- 左臂外旋弯举，右臂内旋下降，回到起始姿势；
- 换至对侧，重复以上步骤，完成规定次数。

动作要点

- 保持挺胸直背，腹部收紧，身体不要晃动，后侧支撑腿臀部收紧。

图2-2　哑铃—高分腿姿交替弯举至过顶推举

（3）哑铃—站姿过顶推举

动作功能

- 主要发展三角肌前束和肱三头肌。

起始姿势

- 直立姿正常站位，双手直握哑铃弯举至肩部上方。

动作步骤

- 将哑铃竖直推举至肩部正上方，手臂伸直（图2-3）；
- 放下哑铃，回到起始姿势，重复以上步骤，完成规定次数。

动作要点

- 保持挺胸直背，腹部收紧，身体不要晃动。

115

图2-3　哑铃—站姿过顶推举

2. 拉

(1)杠铃—站姿反握肱二头肌弯举

动作功能

● 主要发展肱二头肌、肱肌和肱桡肌等。

起始姿势

● 直立姿正常站位,双手反握杠铃,握距与肩同宽,手臂自然垂于体前。

动作步骤

● 上臂不动,屈肘举起杠铃,尽可能靠近肩部(图2-4);

● 回到起始姿势,重复以上步骤,完成规定次数。

动作要点

● 保持挺胸直背,腹部收紧,身体不要晃动;

● 弯举过程中,肘部固定且贴近身体。

图2-4　杠铃—站姿反握肱二头肌弯举

(2)杠铃—站姿耸肩

動作功能
● 主要发展斜方肌上束和肩胛提肌。

起始姿势
● 直立姿正常站位，身体微微前倾，膝关节微屈；
● 双手正握杠铃，握距约为肩宽 2 倍，杠铃自然垂于体前。

動作步骤
● 保持手臂不动，做耸肩动作，肩膀上提，靠近耳朵（图 2 - 5）；
● 回到起始姿势，重复以上步骤，完成规定次数。

動作要点
● 保持挺胸直背，腹部收紧，身体不要晃动。

图 2 - 5　杠铃—站姿耸肩

(3)哑铃—站姿侧平举

動作功能
● 主要发展斜方肌上束和三角肌中束。

起始姿势
● 直立姿正常站位，双手直握哑铃，手臂自然垂于体侧，手肘微屈。

動作步骤
● 保持手肘微屈，手臂向身体两侧抬起，至与肩同高（图 2 - 6）；
● 回到起始姿势，重复以上步骤，完成规定次数。

動作要点
● 保持挺胸直背，腹部收紧，身体不要晃动。

图 2-6　哑铃—站姿侧平举

（4）哑铃—站姿前平举

动作功能
- 主要发展三角肌前束和斜方肌上束。

起始姿势
- 直立姿正常站位，双手直握哑铃，手臂自然垂于体侧，手肘微屈。

动作步骤
- 保持手肘微屈，手臂前举至与地面平行（图 2-7）；
- 回到起始姿势，重复以上步骤，完成规定次数。

动作要点
- 保持挺胸直背，腹部收紧，身体不要晃动；
- 平举过程中，哑铃高度不要超过肩部。

图 2-7　哑铃—站姿前平举

(5)哑铃一站姿直立提拉

動作功能
- 主要发展斜方肌和三角肌中束。

起始姿势
- 直立姿正常站位,双手正握哑铃,手臂自然垂于体前,手肘微屈。

動作步骤
- 两肩后缩,肘关节上提,垂直向上拉起哑铃至胸部高度(图2-8);
- 回到起始姿势,重复以上步骤,完成规定次数。

動作要点
- 保持肩胛骨内收,挺胸直背,腹部收紧。

图2-8　哑铃一站姿直立提拉

(二)下肢

1.推

(1)杠铃一前蹲

動作功能
- 主要发展股四头肌、臀大肌、腘绳肌和三角肌前束等。

起始姿势
- 直立姿正常站位,双手正握杠铃,握距微比肩宽,抬起上臂与地面平行,将杠铃置于颈前肩上。

動作步骤
- 锁住双肩,屈髋屈膝下蹲,直至大腿与地面平行(图2-9);
- 快速站起,回到起始姿势,重复以上步骤,完成规定次数。

动作要点

- 保持挺胸直背，腹部收紧；
- 保持上臂始终与地面平行；
- 膝关节不要超过脚尖或内扣，脚跟不要抬离地面；
- 保持脚尖方向竖直向前。

图 2-9　杠铃—前蹲

（2）杠铃—过顶深蹲

动作功能

- 主要发展股四头肌、臀大肌、腘绳肌、斜方肌和三角肌等。

起始姿势

- 直立姿正常站位，双手正握杠铃置于头顶，握距约为肩宽的两倍，手臂伸直。

动作步骤

- 保持杠铃在肩部正上方，锁住双肩，屈髋屈膝下蹲，直至大腿与地面平行（图 2-10）；
- 快速站起，回到起始姿势，重复以上步骤，完成规定次数。

动作要点

- 保持挺胸直背，腹部收紧，身体不要晃动；
- 保持肩部稳定，手腕伸直，杠铃始终位于身体重心的正上方；
- 膝关节不要超过脚尖或内扣，脚跟不要抬离地面；
- 保持脚尖方向竖直向前。

图 2 - 10　杠铃—过顶深蹲

（3）哑铃—侧向深蹲

动作功能

- 主要发展股四头肌、臀大肌、腘绳肌和内收肌群等。

起始姿势

- 直立姿窄站位，双手直握哑铃自然垂于体侧。

动作步骤

- 保持右腿伸直，左脚向外跨一大步，屈髋屈膝下蹲，直至左腿大腿与地面平行，双臂自然垂于双腿之间（图 2 - 11）；
- 左腿蹬离地面快速站起，回到起始姿势，重复以上步骤，完成规定次数；
- 换至对侧，重复以上步骤，完成规定次数。

动作要点

- 保持挺胸直背，腹部收紧；
- 双脚始终保持贴紧地面；
- 膝关节不要超过脚尖或内扣。

图 2 - 11　哑铃—侧向深蹲

2.拉

(1)杠铃—硬拉

动作功能

- 主要发展臀大肌、竖脊肌和腘绳肌等。

起始姿势

- 下蹲姿势，双脚平行开立，比髋稍宽，双手正握杠铃，握距微比肩宽，杠铃贴近小腿。

动作步骤

- 贴近腿部竖直提拉杠铃，髋部向前，匀速站起至身体直立(图2-12)；
- 放下杠铃，回到起始姿势，重复以上步骤，完成规定次数。

动作要点

- 保持挺胸直背，两肩后张，肩胛骨内收，腰腹收紧；
- 提拉过程中，保持杠铃贴近腿部。

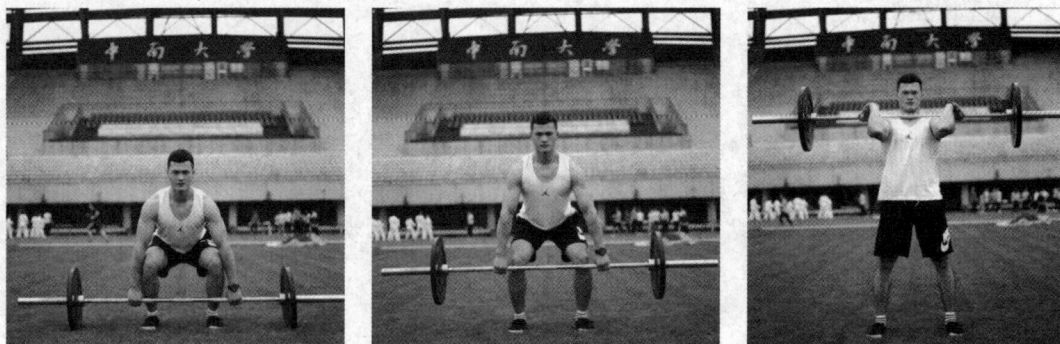

图2-12 杠铃—硬拉

(2)哑铃—罗马尼亚硬拉

动作功能

- 主要发展臀大肌、竖脊肌和腘绳肌等。

起始姿势

- 直立姿正常站位，双手正握哑铃自然垂于体前，距离与肩同宽，双臂伸直。

动作步骤

- 双膝微屈，向后屈髋，上身前倾下沉至几乎与地面平行(图2-13)；
- 伸髋提拉哑铃站起，回到起始姿势，重复以上步骤，完成规定次数。

动作要点

- 保持挺胸直背，肩胛骨内收，腰腹收紧；
- 动作过程中，保持哑铃贴近腿部，膝盖微屈。

图2－13　哑铃—罗马尼亚硬拉

（3）哑铃—单腿罗马尼亚硬拉

动作功能

- 主要发展腘绳肌和臀大肌等。

起始姿势

- 直立姿单腿站立，右腿悬空，双手正握哑铃自然垂于体前，距离与肩同宽，双臂伸直。

动作步骤

- 保持双臂自然下垂，以右髋为轴，右腿伸直向后抬起，同时身体前倾，直至身体和右腿连线几乎与地面平行，左腿微屈（图2－14）；
- 右腿下降同时身体直立，回到起始姿势，重复以上步骤，完成规定次数；
- 换至对侧，重复以上步骤，完成规定次数。

动作要点

- 保持躯干和抬起腿同步运动；动作过程中，保持哑铃贴近腿部，支撑腿膝盖微屈。

图 2-14　哑铃—单腿罗马尼亚硬拉

（4）壶铃—甩摆

动作功能

- 提高动力链的能量传递效率，发展全面爆发力，主要发展臀大肌、竖脊肌和腘绳肌等。

起始姿势

- 直立姿宽站位，双手正握壶铃自然垂于体前，双臂伸直。

动作步骤

- 保持背部平直，双膝微屈，向后屈髋，双臂将壶铃甩摆至胯下，同时上身前倾下沉至几乎与地面平行（图 2-15）；
- 保持双臂伸直，快速伸髋站直，将壶铃上摆至头部高度；
- 连续不间断地重复以上步骤，完成规定次数。

动作要点

- 保持挺胸直背，肩胛骨内收，腰腹收紧。

图 2-15　壶铃—甩摆

（三）全身

（1）杠铃—高拉

动作功能
- 提高动力链的能量传递效率，提升全面爆发力，主要发展臀大肌、股四头肌、腘绳肌、内收肌、腓肠肌、比目鱼肌和斜方肌等。

起始姿势
- 双脚平行开立，比髋稍宽，呈下蹲姿势，双手正握杠铃，握距微比肩宽，置杠铃于小腿胫骨前。

动作步骤
- 匀速站起，同时竖直拉起杠铃（图2-16）；
- 杠铃过膝后，快速地伸髋、膝和脚踝，髋、膝、踝充分伸展的同时快速耸肩，并且屈肘提拉杠铃至锁骨高度；
- 回到起始姿势，重复以上步骤，完成规定次数。

动作要点
- 开始时，保持挺胸直背，肩胛骨内收，保持杠铃位于胸部正下方；
- 膝关节不要超过脚尖或内扣；
- 在充分伸髋后再使用上肢提拉。

图2-16　杠铃—高拉

（2）杠铃—高翻

动作功能
- 提高动力链的能量传递效率，提升全面爆发力，主要发展臀大肌、股四头肌、腘绳肌、内收肌、腓肠肌、比目鱼肌和斜方肌等。

起始姿势
- 双脚平行开立，比髋稍宽，呈下蹲姿势，双手正握杠铃，握距微比肩宽，置杠铃于小腿胫骨前。

动作步骤

- 匀速站起，同时竖直拉起杠铃（图 2 - 17）；
- 快速伸髋站起，同时快速耸肩，屈肘抬起前臂提拉杠铃；
- 当肘部抬至最高且身体完全伸展时，翻肘、翻腕，绕杠铃旋转后，身体下蹲约 1/4 蹲位至杠铃下方；
- 匀速站起，同时竖直拉起杠铃；
- 杠铃过膝后，快速地伸髋、膝和脚踝，髋、膝、踝充分伸展的同时快速耸肩，并且屈肘提拉杠铃至锁骨高度；
- 回到起始姿势，重复以上步骤，完成规定次数。

动作要点

- 开始时，保持挺胸直背，肩胛骨内收，保持杠铃位于胸部正下方；
- 膝关节不要超过脚尖或内扣，在充分伸髋后再使用上肢提拉；
- 提拉过程中，保持肘高于手，杠铃贴近身体；
- 提拉过程中，可踮起脚尖或跳离地面，产生更大的爆发力。

图 2 - 17　杠铃—高翻

（3）杠铃—悬垂抓举

动作功能

- 提高动力链的能量传递效率，提升全面爆发力，主要发展臀大肌、股四头肌、腘绳肌、内收肌、腓肠肌、比目鱼肌和斜方肌等。

起始姿势

● 直立姿宽站位，双手正握杠铃，握距约为肩宽的 2 倍。

动作步骤

● 背部挺直下蹲，当杠铃下降至膝关节下方，快速伸髋伸膝，同时迅速耸肩，抬肘向上提拉杠铃（图 2 - 18）；

● 当肘部抬至最高且身体完全伸展时，身体下蹲至杠铃正下方，呈半蹲位，同时保持手臂完全伸直支撑杠铃；

● 身体保持稳定后站直，贴近大腿放下杠铃；

● 回到起始姿势，重复以上步骤，完成规定次数。

动作要点

● 开始时，保持挺胸直背，肩胛骨内收；

● 膝关节不要超过脚尖或者内扣；

● 在充分伸髋后再使用上肢提拉；

● 提拉过程中，保持肘高于手，杠铃贴近身体；

● 提拉过程中，可踮起脚尖或跳离地面，产生更大的爆发力。

图 2 - 18　杠铃—悬垂抓举

(5)哑铃—前蹲至过顶推举

动作功能

● 提高动力链的能量传递效率,提升全面爆发力和力量,主要发展斜方肌、三角肌、臀大肌、股四头肌和腘绳肌等。

起始姿势

● 直立姿正常站位,双手直握哑铃,置于肩上耳侧,距离与肩同宽。

动作步骤

● 保持手臂姿势不变,屈髋下蹲至大腿与地面平行(图2-19);

● 伸髋站起,同时将哑铃推举过头顶至手臂伸直;

● 回到起始姿势,重复以上步骤,完成规定次数。

动作要点

● 保持挺胸直背,腹部收紧;

● 下蹲时,重心保持在脚跟,膝关节不要超过脚尖或者内扣;

● 推举过程中,保持肩胛骨内收。

图2-19　哑铃—前蹲至过顶推举

(6)哑铃—单臂分腿蹲至过顶推举

动作功能

● 提高动力链的能量传递效率,提升全面爆发力和力量,主要发展斜方肌、三角肌、臀大肌、股四头肌和腘绳肌等。

起始姿势

● 直立姿站立,右手正握哑铃,置于肩上耳侧,左手自然悬垂于体侧。

动作步骤

- 右腿向后迈出呈分腿蹲姿势后，快速站起，推举哑铃至肩部正上方，手臂伸直(图2-20)；
- 回到起始姿势，重复以上步骤，完成规定次数；
- 换至对侧，重复以上步骤，完成规定次数。

动作要点

- 保持挺胸直背，腹部收紧；
- 膝关节不要超过脚尖或内扣；
- 推举过程中，保持肩胛骨内收。

图2-20 哑铃—单臂分腿蹲至过顶推举

(7)哑铃—土耳其起身

动作功能

- 提高动力链的能量传递效率，提升全身综合力量，主要发展腹直肌、腹内外斜肌、臀大肌、股四头肌、腘绳肌、内收肌、小腿三头肌、斜方肌和三角肌等。

起始姿势

- 仰卧姿，左腿伸直，右腿屈膝约成90°夹角，脚踏于地面；
- 右手直握哑铃于胸部上方，手臂伸直且垂直于地面，左臂置于地面与身体约成45°夹角，掌心朝下；
- 双眼直视哑铃。

动作步骤

- 上身按照右肩、左肩、腰背的顺序快速挺起离地，以左前臂撑起身体(图2-21)；

- 上身挺起，挺胸直背，左手伸直撑地；
- 右腿及臀部用力，左侧髋向上抬起，使身体从头至左脚踝呈一条直线；
- 左腿向后移动单膝跪地，使左膝、踝与左手在一条直线上；
- 身体挺直，身体呈半跪姿；
- 站起成直立姿基本站位，目视前方；
- 回到起始姿势，重复以上步骤，完成规定次数；
- 换至对侧，重复以上步骤，完成规定次数。

动作要点

- 动作过程中，保持挺胸直背，持哑铃手臂与地面保持垂直；站起前，持哑铃手臂保持不变，眼睛直视哑铃。

图 2－21　哑铃—土耳其起身

第三章
速度素质训练

一、速度素质的概念及其分类

(一)速度素质的概念

速度素质是指人体进行快速运动的能力或在最短时间内完成某种运动的能力。快速运动反映了机体运动的加速度和最大速度;而加速度和最大速度是由爆发力所决定的。

(二)速度素质的分类

1. 反应速度

反应速度是指人体对各种信号刺激(声、光、触等)快速应答的能力。反应速度的快慢主要取决于兴奋通过反射弧所需时间的长短、中枢神经系统的机能状态和运动条件反射的巩固程度。

2. 动作速度

动作速度是指人体或人体某一部分快速完成动作的能力。动作速度是技术动作不可缺少的要素,表现为人体完成某一技术动作时的挥摆速度、击打速度、蹬伸速度、踢踹速度等,此外还包括单位时间里连续、重复完成单个动作的次数(即动作频率)。

3. 位移速度

位移速度是指人体在特定方向上位移的速度,以单位时间内机体移动的距离为评定指标。从运动学上讲,位移速度是距离(S)与通过该距离所用的时间(t)之比。在体育运动中,常常以人体通过固定距离所用的时间来表示,如男子 100 m 跑用时 10 s,100 m 自由泳用时 50 s 等。

二、速度训练的方法及注意事项

（一）反应速度训练的方法及注意事项

1. 起跑反应速度训练——10 m 快速折返跑

训练目的：训练学生听到发令枪响或者口令时，快速起跑、完成冲刺的能力。

训练动作详解：

蹲踞式起跑，主发力腿在后，前脚尖距起跑线一个半脚掌长度。后脚脚尖放在前脚脚后跟的平行线上。双手撑在地面上，紧贴起跑线。头自然下垂，等候发令。

体育教师喊出口令"预备"的时候，学生自然深吸气，同时臀部抬起，稍高于肩，不要过度用力使身体前倾。不要将头抬起，否则会影响发力结构的平衡。

体育教师喊出口令"开始"后，支撑身体的双手撑推地面后，发力大幅度向后摆动；在推离地面后，身体依然大幅度前倾，随着动作频率的加快，身体在快到达 10 m 终点时挺起。10 m 跑动过程中，身体始终有重心在前的趋势，起跑的前五步为蹬地期，靠地面反向力使身体获得更多的加速度。接近 10 m 终点时，急停，绕标，返回起点。

训练组、次数安排：4 至 8 组，每组 1 次，10 m 折返。

注意事项：体育教师可在喊出"预备"后，不等时间间距的接"开始"口令，进一步训练学生在不均匀口令声音信号下的反应速度。

2. 变向反应速度训练

训练目的：训练学生在即时变动的声音信号下，做出正确身体方位反应的能力。无论任何动作，第一步都是最关键的，该训练正是训练人体在不同方位上第一步的移动反应能力。

训练动作详解：学生站立，一脚前一脚后，成格斗架势。体育教师随机喊出"前进""后退""左移""右移"口令，学生完成相应的变向滑步。比如教练喊"前进"，学生应后脚蹬地，前推身体，前脚贴地前进，然后后脚快速跟步，回到起始姿势。然后体育教师随机接其他口令，学生应迅速做出正确的反应。随着体育教师的口令加快，会出现一些做错动作的学生，这时要提醒他们集中注意力。最终，通过训练提高所有学生的变向反应速度。

训练组、次数安排：4 至 6 组，每组 1~2 min，教练不停变换口令。

注意事项：学生的滑步移动，都是通过"后脚蹬—前脚迈—后脚跟"这三个依次发生的动作而实现的。比如，左侧滑步是右脚向右侧蹬地，左脚向左贴地迈出，马上右脚跟步的效果。

3. 体位变换反应速度训练——卧蹲站跳体位变换反应速度训练

训练目的：训练学生在两腿平行状态，从站立位开始，完成俯卧、蹲下、跳起等动作时的快速反应能力，为进一步的战术体能体位变化打下基础。

训练动作详解：学生站立，站距与肩同宽。体育教师随机喊出"跳起""俯卧""下蹲"等口令，学生完成相应的体位变化。比如体育教师喊到"下蹲"，学生应屈髋屈膝，身体后坐，大腿与地面平行（膝关节不超过脚尖），同时两臂前平举，完成徒手深蹲动作。然后体育教师喊"跳起"口令，学生应完成屈膝纵跳动作，再回归站立位。随着体育教师的口令加快，会出现一些做错动作的学生，这时要提醒他们集中注意力。最终，通过训练提高所有学生的体位变换反应速度。

训练组、次数安排：4 至 8 组，每组 2 ~ 3 min。

注意事项：训练一段时间后，起始动作可以不拘泥于站立位，也可以由俯卧位、下蹲位作为起始位置。

（二）动作速度训练的方法及注意事项

1. 直拳速度训练——直拳哑铃动作链训练

直拳的速度训练不仅可以直接提高直拳的攻击速度、攻击爆发力和单位时间的攻击频率，而且可以增加快速抓敌出手速度和手枪快速出枪速度。

【训练目的】良好的动作肌肉链是保证动作速度和整体爆发力输出的关键，肌肉链的协调会减少肌肉间的黏滞，降低拮抗肌和软组织的内部阻力；哑铃负重的目的在于刺激肌肉链中肌肉的生长，本训练尤其刺激三角肌的功能性增长。

【训练动作详解】训练者双手各持一只哑铃，左脚在前，右脚在后，两持哑铃手护住下颌侧面，格斗势站立。蹬右腿（右腿股四头肌发力），右侧踝关节内扣，脚尖点地（右腿小腿三头肌发力），向左微转腰（腹外斜肌和腹内斜肌发力），收腹，送右肩（右侧三角肌发力），伸右臂（右侧肱三头肌发力），右腕旋前（由拳眼向上转为拳眼向左，旋前圆肌和旋前方肌发力），打出强有力的一记右直拳。整个过程一气呵成，每一个细节动作都在上一个细节动作的力量和速度的基础上有所提高，就像甩出去的鞭子一样，威力最大的鞭梢即为拳锋。然后收右拳，蹬左腿，左脚脚踝内扣，向右微转腰，收腹，送左肩，伸左臂，向内旋腕，打出强有力的一记左直拳。左右直拳交替进行，可以明显感觉到两侧肩膀三角肌前束酸痛（图 3 - 1）。

【训练组、次数安排】4 组，每组 30 至 50 次。

【注意事项】使用哑铃训练前要先把徒手直拳的肌肉链训练娴熟；训练时格斗架势的正架反架都要练，形成随时可以运用的出拳训练效果。

图 3 - 1　直拳速度训练——直拳哑铃动作链训练

2. 启动冲刺速度训练——10 m 启动冲刺

【训练目的】提高训练者由静止状态突然应激性冲锋或撤离的启动速度。该训练对于快速启动冲锋，快速撤离，快速转移都有良好训练效果。本训练是全天候启动速度训练的基础训练，只有本训练可以快速完成，才方便进行全天候战术启动速度训练。

【训练动作详解】

预备姿势：训练者在场地屈体，两手撑地，有力腿在前，后脚距前脚一脚至一脚半的距离，两个脚中轴线间隔约 15 cm（约一拳半），两脚依次蹬地。两手撑于地面，两手拇指相对，其余四指并拢或稍分开与拇指成"八字形"，虎口向前做弹性支撑。手距略宽于肩，两臂伸直，肩微微向前；头与躯干保持在一条直线上，颈部自然放松，两眼视前方 0.5 m 处，身体重量均衡地落在两手、前脚和后膝关节之间。

准备起跑：抬起臀部，身体重心前移，形成臀部高于肩的姿势。此时身体主要由两臂和前脚支撑。前腿大小腿夹角约为 90°，后腿大小腿夹角约为 120°。

正式开跑：两手迅速推离地面，两臂屈肘做有力的前后摆动，同时两腿迅速蹬地起跑。后腿蹬离起跑器后，以膝领先向前摆出，而前腿要快速有力伸髋、膝、踝三个关节，把身体向前上方有力地推出。此时，前腿的后蹬角度为 42° 至 45°，上体前倾与地面成 15° 至 20° 角。接着迅速发力冲刺。

起跑后从后腿蹬离地面到途中跑这段距离要充分利用向前的冲力，在较短距离内尽快地获得高速度。起跑后的第一步着地应尽量靠近身体重心投影点，脚着地后迅速转入后蹬。

起跑后的最初几步两脚沿着两条相距不宽的直线前进，随着跑速的加快，两脚着地点就逐渐合拢到假定的一直线的两侧。加速跑冲刺到 10 m 终点，急停，然后中速跑跑回起点。

【训练组、次数安排】6 至 8 组，每组冲 12 个。

【注意事项】10 m 启动冲刺开始是在塑胶跑道上训练，等训练者有一定基础后，需要向柏油路、水泥路、土地、沙地、地砖路面的 10 m 启动冲刺过渡。

（三）位移速度训练的方法及注意事项

1. 箭步蹲走

【训练目的】训练冲刺跑所需的专项腿部肌肉力量，尤其是提高跑步所需的臀大肌力量，同时该训练可以提高短跑时跑步步幅。

【训练动作详解】身体正直，左脚向前迈出一大步同时身体尽量下蹲，直到左侧大腿与地面平行，右腿前侧产生明显的拉伸感，右腿膝盖尽量接近地面。然后左腿蹬伸，伸膝伸髋，成直立位。右脚向前迈出一大步同时身体尽量下蹲，直到右侧大腿与地面平行，左腿前侧产生明显的拉伸感，左腿膝盖尽量接近地面。依次向前，边交替行进边完成箭步蹲，下蹲时吸气，起身时呼气（图 3 - 2）。

【训练组、次数安排】3 至 6 组，每组 20 至 30 步。

【注意事项】箭步蹲走时可以加入两臂的摆臂。完成左脚在前的箭步蹲时，右臂前摆，左臂后摆；完成右脚在前的箭步蹲时，左臂前摆，右臂后摆。

图3－2　箭步蹲走

2.哑铃箭步蹲

【训练目的】通过哑铃的负荷进一步增加冲刺跑时所需的腿部肌肉力量。

【训练动作详解】双手各持一只哑铃于身体两侧。身体正直，左脚向前迈出一大步同时身体尽量下蹲，直到左侧大腿与地面平行，右腿前侧产生明显的拉伸感，右腿膝盖尽量接近地面。然后收回左腿同时站直身体，换右腿向前迈步完成同样动作。下蹲时吸气，起身时呼气（图3－3）。

【训练组、次数安排】3至6组，每组12至20次。

【注意事项】哑铃重量的选择，以不会破坏动作模式为准，即在完成箭步蹲时两脚间距尽可能大，不要因为加重使完成动作时的两脚间距变小。

图3－3　哑铃箭步蹲

3. 箭步蹲跳起

【训练目的】训练冲刺跑时所需的肌肉爆发力。

【训练动作详解】腿部成箭步蹲位，左腿在前，右腿在后，同时左臂侧平举，右臂前平举；迅速跳起在空中换腿，同时手臂在空中转动，落地时换成右腿在前、左腿在后、右臂侧平举，左臂前平举的直角平举箭步蹲。两侧依次交替进行，跳起时呼气，落地后吸气（图3-4）。

【训练组、次数安排】4至6组，每组20至30次。

【注意事项】跳起落地后成标准的箭步蹲位，即前侧腿大腿与地面平行，大小腿成直角；后侧腿大腿与地面夹角小于45°，后侧腿膝盖尽量接近地面。本训练要在可以轻松完成哑铃箭步蹲训练的水平时，才可以尝试。

图3-4 箭步蹲跳起

第四章

耐力素质训练

一、耐力素质的概念与意义

耐力素质训练是体能训练的重要组成部分之一，良好的耐力素质是拥有强健体魄和取得各项优异运动成绩的基本保证。

（一）耐力素质的概念

运动生理学、运动生物化学、运动生物力学、运动训练学等学科的专家在长期的训练实践中做了大量的基础性研究工作。由于其研究角度与方法的不同，对耐力有不同的解释，现将其中有代表性的定义列举如下。

1.耐力是完成某一强度负荷所能持续的时间

疲劳是限制同时也是影响运动成绩的主要因素。如果大学生不容易出现疲劳，或者能在疲劳的状态下继续工作，说明这个大学生具有较强的耐力。如果大学生能够适应负荷的要求，他便能够完成负荷。大学生的耐力取决于多种因素，诸如速度、肌肉力量、能否有效地完成动作技术、动作节省化、完成负荷时的心理状态，等等。

2.耐力是以最大工作效率持续进行运动的能力

机体供给肌肉收缩所需能量有多种机制，人体进行长时间的高效供能是不可能的，高效的供能机制会迅速耗竭，然后机体不得不依靠可以持续较长时间、但工作效率较低的方式进行供能。因此，耐力水平的高低取决于提高适当能量的总体供能能力或最大输出能力。

3.耐力是人体在长时间进行工作或运动中克服疲劳的能力

疲劳是一种生理现象，有机体经过长时间的活动，必然要产生疲劳，然而工作能力下降，限制运动时间及水平的发挥，这是有机体的一种自我保护。但是，疲劳又是提高有机体工作能力必需的过程，如在运动训练中，疲劳是训练的必然结果，没有疲劳的刺激及长期的适应，机体就不会得到提高。大学生克服疲劳的能力，反映了他所具有的耐力水平。

4.耐力是指人体长时间进行肌肉工作的能力

该定义局限性较大，虽然肌肉是机体运动最主要的执行者，但是还有许多制约其长时间运动的因素,在该定义中没有体现。

上述关于耐力的表述虽然有所不同,但都表达了耐力是"机体长时间抗疲劳的能力"的核心意思。对耐力的理解要从多维度来考虑,耐力具有鲜明的项目特征和个人特点,同时,又是人体多种能力的综合体现,所以耐力的定义不是唯一的。相信随着各学科对耐力研究的逐步深入,人们对耐力的理解还会不断地发展。

(二)耐力素质的意义

耐力素质是大学生体能素质的重要指标之一,从事任何运动项目都必须具备相应的耐力水平。耐力素质在超长跑、中长跑、长距离游泳等周期性运动项目中的意义是不言而喻的。耐力素质对其他项目,如格斗等非周期性项目也有重要意义。

1. 促进身体机能水平的发展

运动训练实践证明,对大学生进行合理的有氧耐力训练,能够使他们的心脏容积增大、心输出量增大、最大摄氧量增加、安静时呼吸频率降低、心率稳定、恢复能力提高等。有氧训练不仅能提高心肺功能,使呼吸及心血管系统机能得到发展,而且可以使有机体的代谢能力得到相应的提高,从而有助于大学生增强体质,减少伤病侵害。

2. 提高机体抗疲劳的能力

疲劳是一种生理现象。有机体经过长时间的活动,必然产生疲劳,然后工作能力下降,限制运动能力和训练水平的发挥。许多运动项目是采用大负荷训练,而这种训练只有在大学生具有较高的身体训练水平,特别是有良好的耐力水平时才能进行。训练实践证明,耐力训练可以使大学生的肺活量增加、最大摄氧量增加、安静时呼吸频率降低、心脏体积及容积加大、心搏量增多、安静时心率下降且稳定、血液中血红蛋白数量增多、输氧能力提高等,同时,也可以提高能量代谢的机能及脑细胞的耐酸能力,从而提高抗疲劳的能力。抗疲劳能力越强,机体保持持久的高水平运动的能力越强,这为加大运动量和运动强度,提高训练质量等创造了条件,对获得优异成绩无疑是有利的。

3. 有助于消除疲劳和促进机能恢复

良好的耐力训练,能使呼吸及心血管系统功能得到发展,机体的物质代谢和能量代谢功能得到提高。训练后血氧供应充分,可使机体内疲劳因子消除加速,能量物质恢复加快。这将加速训练后消除疲劳的过程,使机体迅速得到恢复。机体的迅速恢复,可以使间歇时间(包括练习和练习之间的间歇、训练课与训练课之间的间歇)缩短,增加每组重复次数及训练组数,保证完成大负荷的训练任务以及训练的不间断性和系统性,防止出现过度训练。

4. 促进其他能力的发展

耐力对其他运动能力也有着重要影响。经过良好的耐力训练,可以提高大学生抗疲劳的能力,使大脑皮质兴奋与抑制过程有节奏的交替能力得到提高,呼吸及心血管系统的功能得到发展,机体能量物质储备增多,代谢功能改善,这些变化都会成为其他运动能力发展的基础。

二、耐力素质的种类和特征

(一)根据持续的时间分类

根据活动持续的时间,可把耐力素质分为短时间耐力、中等时间耐力和长时间耐力。

短时间耐力主要指持续时间为45 s ~ 2 min 的运动项目(如400 m跑、800 m跑)所要求的耐力。运动中的能量主要通过无氧过程提供,氧债很高。400 m跑所需能量的80% 由无氧系统提供,800 m跑所需能量的60% ~ 75% 由无氧系统提供。

中等时间耐力主要指持续时间为2 ~ 8 min 的运动项目所需要的耐力。其强度小于短时间耐力项目但大于长时间运动项目,供氧不能全部满足需要会出现氧债。3000 m跑,无氧系统提供约20% 的能量,1500 m跑所需能量的50% 由无氧系统提供。

长时间耐力是指持续时间超过8 min 的运动项目所需要的耐力。整个运动过程中,人体心血管和呼吸系统高度动员,心率、每分钟心输出量、肺通气量都达到相当的程度,保证运动的有氧过程。

(二)根据器官系统功能分类

根据器官系统的机能,耐力素质可分为心血管耐力和肌肉耐力。

心血管耐力是循环系统保证机体长时间肌肉活动时营养和氧的供应以及运走代谢废物的能力。心血管耐力是影响耐力素质最重要的内在因素。根据运动时能量供应中氧参加的程度,心血管耐力可分为有氧耐力、无氧耐力、有氧无氧混合耐力和缺氧耐力。有氧耐力是指机体有氧供应比较充足的情况下的耐力,无氧耐力是机体在氧供应不足有氧债情况下的耐力。无氧耐力又可以分为乳酸供能无氧耐力(糖原无氧酵解供能)和非乳酸供能无氧耐力(ATP、CP分解供能)。有氧无氧混合耐力是指机体在具有有氧和无氧双重情况下的耐力。缺氧耐力是指机体在严重缺氧或处于憋气状态下的耐力。

肌肉耐力是指肌肉系统在一定的内部与外部负荷的情况下,能坚持较长时间或重复较多次运动的能力。肌肉耐力和力量水平的发展关系极为密切,发展肌肉的最大力量能有效促进肌肉耐力水平的提高。根据运动时参与工作的肌肉群数量和身体活动部位,肌肉耐力可分为局部耐力和全身耐力。

(三)根据肌肉的工作方式分类

根据肌肉的工作方式,耐力素质还可分为静力性耐力和动力性耐力。

静力性耐力是指有机体在较长时间的静力性肌肉工作中克服疲劳的能力,如射击、射箭、举重的支撑、吊环的十字支撑等过程中表现出的耐力水平。

动力性耐力是指有机体在较长时间的动力性肌肉工作中克服疲劳的能力。

在上述耐力分类结果及大部分运动项目的耐力训练中,最具实际意义的分类是有氧耐力、无氧耐力、肌肉耐力、一般耐力和专项耐力。

三、影响耐力素质的因素

(一)年龄和性别

在生长发育期,耐力随着年龄增长逐年提高。男性 20 岁左右,女性 18 岁左右,耐力基本达到最高水平,以后增长缓慢甚至逐年下降。一般情况下,男性耐力要比女性好。

(二)心血管和呼吸系统的功能水平

心血管、呼吸系统机能的好坏,直接影响人的有氧代谢和无氧代谢水平,对一般耐力和速度耐力有很大的影响。

(三)功能节省化

耐力水平的高低还取决于有机体的功能节省化程度。机能节省化和有机体的能量储备利用率有很大的关系。耐力活动过程中,各种协调性的完善和体力的合理分配,都能有效地提高能量储备的利用率。例如,协调性的完善可以减少不必要的能量消耗,体力的合理分配则可以提高能量的合理利用程度(匀速能量消耗少,变速能量消耗大)。总之,高度的功能节省化,能使人体在活动时单位时间内的能量消耗减少到一个最小的程度,从而维持人体长时间的运动。

(四)速度储备能力

速度储备能力是指以较少的能量消耗保持一定速度的能力。这也是影响耐力,特别是影响专项耐力的因素之一,在周期性项目中尤其突出。如果大学生能以极快的速度跑完一个短距离,那么他也能轻松地以较低的速度跑完较长的距离。与速度储备能力较差的大学生相比,速度储备能力较高的大学生能以较少的能量消耗来保持一定的速度。

四、耐力素质练习的基本方法和手段

(一)耐力素质练习的基本方法

1. 有氧耐力的训练

(1)训练要素

① 运动强度

在发展有氧耐力的持续性练习中,运动强度的选择十分重要。强度过低,不能充分动员人体呼吸、循环系统的机能潜力,发展有氧代谢能力;若强度过大,持续时间必然缩短,会使供能系统向无氧代谢途径转变。一般认为,发展有氧耐力,采用超过本人最大吸氧量50%的强度运动,可使有氧能力显著提高。有人提出可通过监测心率来控制运动强度,即进行有氧耐力运动时,心率应达到 150 次/min。荷兰学者卡威奥恩(Karvonen)提出适宜强度的公式为:安静心率+(最高心率−安静心率)×60%。目前认为,个体乳酸阈(1LAT)强度是进行有氧耐力训练的最佳强度。

在进行耐力训练时，运动负荷必须根据大学生个体现有的最好竞技水平确定。下面介绍两种测定个体负荷的公式。

公式一：负荷量度 = 最好成绩(秒)/选用的训练强度(%)

如5000 m跑，大学生最好成绩为20 min(1200 s)，他发展一般耐力时所选用的也是5000 m跑，训练强度为85%，则其5000 m跑所用的负荷量度为(1200 s)/85% = 1412 s = 23 min 32 s。

公式二：分段成绩份额

分段成绩份额是指每一段距离(1000 m，2000 m等)应跑的时间。以上面的练习，分段2000 m，每2000 m的分段成绩应为：1412 s × (2000 m/5000 m) = 565 s = 9 min 25 s。

② 恢复的时间

一般认为，耐力训练产生效果的最低持续时间为5 min，持续时间主要取决于运动强度。负荷强度大、负荷量大的运动容易使大学生快速产生疲劳感，疲劳的主因是人体的内环境发生改变，不同物质需要不同的时间进行恢复，如表5-1所示。

表5-1　不同物质的最长和最短恢复时间

恢复过程	最短恢复时间	最长恢复时间
磷酸盐的恢复	2 min	3 min
非乳酸性氧债的偿还	3 min	5 min
带氧肌红蛋白的恢复	1 min	2 min
肌糖原的恢复	5 ~ 10 h	24 ~ 48 h
肌肉和血液中乳酸的清除	30 min ~ 1 h	1 ~ 2 h
乳酸性氧债的偿还	30 min	60 min

(2)乳酸阈强度训练

采用乳酸阈的运动速度、功率等负荷强度来训练，称为乳酸阈强度训练。乳酸阈是在递增负荷强度的运动中，血乳酸浓度随运动强度增加而变化，开始缓慢上升，经过一段时间过渡后转变为急促地上升。一般在4 mmol/L左右出现急促上升点，这一点即为乳酸阈值。因存在个体差异，所以，目前多采用个体乳酸阈强度进行训练。

(3)最大乳酸稳态强度训练

马拉松跑因运动时间长，能量几乎完全由有氧代谢提供，大学生在运动中血乳酸浓度低于乳酸阈值。因此，在运动训练中要低于这个乳酸阈值(4 mmol/L)才能适应比赛要求。开始跑后使血乳酸值达到低于4 mmol/L的水平，并维持这个强度45 min左右，这期间血乳酸值达到一个最大的稳态水平，这是发展有氧代谢最大负荷强度最适宜的方法。

(4)持续练习法

持续练习法是指在长时间或较长时间里，没有间歇、承受运动负荷的练习。持续练习法的刺激强度，可以是固定的也可以是不固定的，这要依据项目特点、练习目标、训练水平和训练任务而定。周期性项目可借助跑或走的速度、心率加以控制，非周期性项目可通过高度、远度予以控制。刺激强度一般以小强度或中等强度为主，主要用于提高心肺能力和发展有氧代谢能力。由于机体内脏器官的机能惰性较大，需在运动开始后约 3 min 才能发挥最高机能水平。因此，发展有氧代谢能力，练习时间要在 5 min 以上，甚至可持续 20～30 min 以上。持续练习法的练习时间一般不应短于 30 min，高水平运动员的平均练习时间约为 1～2 h。有些超长距离的项目，如马拉松、20 km 竞走、50 km 竞走等，持续练习时间可更长（表 5－2）。

采用持续训练法，一次练习的时间相对较长，负荷数量相对较多，负荷强度相对较小，一般为最大强度的 65%～75% 左右。持续训练法对有机体产生的刺激较缓和，疲劳的产生较为缓慢，运动后恢复较快。

持续练习法是田径运动大多数项目练习的基本方法之一，也是在准备期训练中较为主要的练习方法。

持续练习法能发展一般耐力，提高摄氧、输氧等能力，还可发展专项的力量耐力。

长时间持续运动会对人体生理机能产生诸多良好影响，对处于发育期的青少年、大学生及训练水平较低者，尤其要以低强度的匀速持续训练为主。

表 5－2　练习目的与刺激负荷的关系

练习目的	刺激强度		持续时间
	心率	强度	
调整、休整、恢复体力	120～150 次/min	小强度	30～50 min
提高有氧耐力	150～180 次/min	中强度	50～90 min
提高承受大负荷的能力	120、150～180 次以上/min	小、中、大强度	90～120 min
提高力量耐力	120、150～180 次以上/min	小、中、大强度	不能再做为止

相对而言，小强度为心率 120～150 次/min，通常为最大心率的 65%～75%，中强度为心率 150～180 次/min，通常为最大心率的 75%～90%，大强度为心率超过 180 次/min 以上，通常为最大心率的 90%～100%。

（5）间歇练习法

间歇练习法是指在相对固定的条件下，严格按照规定的练习距离、强度、时间、次数以及每次练习后的间歇时间进行练习的方法。

间歇练习法对于短距离跑和中长距离跑项目的速度耐力和耐力水平都有较显著作用。间歇的方法都是采用积极性休息方式，如采用慢跑或走，以及一些放松性的练习。当心率恢复到 120～130 次/min 时就开始下一次练习。

间歇练习法是在大学生机体未能完全恢复的情况下就进行下一次练习，因此会对机体产生以下几个方面的影响。

①能有效提高人体每分输出量，提高心肌收缩力水平和心脏输出量水平。

②能有效地增强人体呼吸系统的功能，特别是最大吸氧量水平。

③对于负荷时间较长、负荷强度相对较低的长距离跑或部分距离相对较长的中距离跑项

目，采用间歇练习法，能有效地提高糖原有氧分解能力和有氧耐力水平。

④对于负荷时间较短、负荷强度相对较高的中距离跑及部分距离相对较长的短跑项目，采用间歇练习法，能有效地提高有氧无氧混合供能的能力和无氧耐力水平。

练习的时间、距离、练习的强度、间歇的时间与练习的目的构成不同类型的间歇练习法。方法运用成功与否的关键是要根据不同年龄、不同训练水平及不同项目的特点，科学合理地安排每次练习的距离、强度和间歇的时间（表 5 - 3）。

表 5 - 3 不同类型的间歇练习法参考

练习目的	练习时间	练习强度	间歇时间	重复次数
提高有氧耐力	8 ~ 15 min	小强度	长	较少
提高无氧耐力	8 s ~ 2 min	最大强度或大强度	短	多
提高混合耐力	2 ~ 8 min	中等强度	中	中
提高专项耐力	8 s ~ 15 min	大强度	短、中、长	少、中、多
提高力量耐力	8 s ~ 15 min	中等强度	短、中、长	多

相对而言，小强度为心率 120 ~ 150 次/min 区间，通常为最大心率的 65% ~ 75%，中强度为心率 150 ~ 180 次/min，通常为最大心率的 75% ~ 90%，大强度心率超过 180 次/min 以上，通常为最大心率的 90% ~ 100%。所对应的间歇时间也各不相同。

间歇练习法是准备期的主要练习方法，它的最大特点就是对于间歇时间有严格的规定。一般是以运动后心率恢复到 120 ~ 130 次/min 所需要的时间作为间歇的时间。

2. 无氧耐力的训练

(1)最大乳酸训练

乳酸是糖酵解的最终产物。运动中乳酸生成量越大，说明糖酵解供能的比例越大，无氧耐力素质越好。机体生成乳酸的最大能力和机体对它的耐受能力直接与无氧耐力相关。

让受试者在田径场上全力跑一次 400 m 跑，跑后 3 ~ 5 min 内采血测量血乳酸，如果测量值达到 15 mmol/L，说明糖酵解系统供能能力强。但在训练中应使血乳酸值高于这个水平，才能获得较好的训练效果。只采用一次 1 min 左右的超极量负荷不可能达到一个高水平的血乳酸值，而采用 1 min 超极量强度跑，间歇 4 min，重复 5 次的间歇训练，血乳酸浓度可达到一个很高的水平，最高值可达 31.1 mmol/L。这说明 1 min 超极量强度、间歇 4 min 的运动可以使身体获得最大的乳酸刺激，是提高最大乳酸能力的有效训练方法。

间歇训练法是提高无氧耐力的较好方法，其关键在于对负荷强度和适宜休息间歇的控制。为了使运动中能产生高浓度的乳酸，练习强度和密度要大，间歇时间要短。练习时间一般应大于 30 s，以 1 ~ 2 min 为宜。这种练习强度、时间和间歇时间的组合，能最大限度地动用糖酵解系统供能的能力。

(2)乳酸耐受能力训练

不同训练水平和训练项目的大学生对乳酸有不同的耐受能力。耐受力高，机体不易疲劳，运动能力也随之提高。在一些运动项目中，因运动时间较长、强度较大，血乳酸会在较高水平上保持较长的时间，因此要加强乳酸耐受能力训练。乳酸耐受能力一般可以通过提高缓冲能力和肌肉中乳酸脱氢酶活性获得。在训练中要求血乳酸达到较高水平，在第一次训练中，血乳酸达到 12 mmol/L 左右，选择适当的休息间歇，然后在重复训练时维持这一水平，以刺激身体适应这一血乳酸水平，提高缓冲能力和肌肉中乳酸脱氢酶的活性。

3. 耐力素质练习的其他方法

（1）重复练习法

重复练习法是指在不改变动作结构和负荷量的条件下，按照规定的距离、持续时间、负荷强度，反复进行练习的方法。

重复练习法的主要作用是提高大学生以无氧代谢为主的短跑的耐力水平，以及混合代谢的中跑的耐力水平。

短距离跑中的较长距离跑如 200 m、400 m，由于项目本身对速度耐力要求高，通过较长距离（300~500 m）段落的重复跑，能有效地提高乳酸能供能系统的水平和机体负氧债能力。

中距离中的较短距离项目，如 800 m，无氧代谢比例较高，跑后氧债较大，且乳酸的堆积量也较大。因此通过重复跑 150~500 m 的段落，不仅能提高人体对氧债和大量乳酸堆积的耐受力，而且还能提高无氧耐力和速度耐力。

长距离跑项目的运动负荷较大，每分吸氧量以及循环系统要全力动员，又因跑的时间较长，使循环系统和呼吸系统有时间克服惰性，逐步提高其工作水平。因此通过较长距离的反复跑，可以发展循环、呼吸系统的机能，提高专项耐力（表 5-4）。

重复练习法是竞赛期的主要练习方法，多用于竞赛期的初期。根据大学生的实际状况，可以在一定的范围内变换刺激量和刺激强度，但一般情况下，刺激量和刺激强度是相对固定的。重复练习法的特点是在心率恢复至 100~120 次/min 时，再进行下一次练习，其练习的时间、距离、重量及动作等有着明显的专项特点，练习的强度较大，次数较少。

表 5-4　重复练习法的练习参照指标

练习目的	练习时间	练习强度	间歇时间	重复次数
提高有氧耐力	8~15 min	最大强度、大强度	中、长	少
提高无氧耐力	2~10 s	极限强度、最大强度	短	少
提高混合耐力	2~10 min	最大强度、大强度	中	少
提高专项耐力	15~60 s	大强度	长	少
提高专项速度	15~30 s	最大强度、大强度	短、中、长	少

（2）比赛练习法

比赛法是借助比赛或模拟比赛的形式发展大学生的比赛能力，提高专项耐力的一种练习方法。

比赛法是竞赛期主要采用的练习方法，用于竞赛期的各个时期，在进行比赛法练习时，应充分考虑以下几点。

第一，练习的时间、距离、重量次数及强度，等应近似于专项比赛的形式和特点。

在进行比赛练习时,提高比赛能力,应把比赛技术贯穿于比赛的专项耐力练习之中。

第三,以实战出发,按照预先确定和设计的比赛战术进行练习,培养比赛能力,积累比赛经验(表5-5)。

表5-5 比赛练习法参照表

练习目的	练习量	练习强度	间歇时间	重复次数
专项比赛及其模拟	长于比赛时间	与比赛强度相同或高于比赛强度	与比赛相同	与比赛相同
专项比赛能力模拟	与比赛相同	与比赛强度相同或高于比赛强度	较短	无
专项技术模拟	与比赛相同	设计的比赛强度	与比赛相同	与比赛相同
专项战术模拟	与比赛相同	设计的比赛强度	与比赛相同	与比赛相同
比赛能力检查	短于比赛时间	与比赛强度相同或略高于比赛强度	与比赛相同	与比赛相同

(二)耐力素质练习的基本手段

1.持续慢速跑

【方法】采用较慢的速度持续跑较长的距离,发展有氧耐力;跑的速度、距离、重复次数等应根据练习目的确定。

【作用】发展一般耐力,提高有氧供能能力。

【要求】在持续慢跑时,心率应达到150次/min左右。

2.重复跑

【方法】固定跑的距离,重复进行该段距离的跑,重复跑时的速度、距离、重复次数等应根据练习目的和大学生的具体情况而定。

【作用】发展专项耐力和一般耐力,提高无氧代谢能力水平。

【要求】每次练习之间的间歇时间以心率恢复到100~120次/min为限,再进行下一次练习。

3.变速跑

【方法】在跑的过程中,用中等速度跑一段距离后,再以较慢速度跑一段距离,采用不同速度交替跑,变速的交替次数应根据练习目的而定。

【作用】发展有氧和无氧代谢能力,提高一般耐力和专项耐力水平。

【要求】中速跑与慢速跑交替进行相同的距离或中速跑的距离较慢速跑稍短一些。

4.间歇跑

【方法】大学生采用快跑一段距离后,再慢跑或走一段距离;跑的速度、距离与间歇时采用慢跑或走以及练习的次数,应根据练习目的而定。

【作用】提高专项耐力水平。

【要求】快跑时应使脉搏达到170~180次/min;中间间歇慢跑或走时,脉搏应控制在120次/min左右,再重复下一次练习。

5. 越野跑

【方法】可采用个人或结伴的形式，进行距离较长，强度较小的在野外自然环境中的跑步，在跑步中应保持正确的跑的姿势，充分利用野外的上坡、下坡等地形，进行跑的练习。

【作用】提高一般耐力水平，提高有氧代谢能力。

【要求】越野跑时应穿软底鞋，跑的距离及时间应根据个人特点和练习目的来确定，跑的过程中脉搏应保持在 150 次/min 左右。

6. 追逐跑

【方法】在田径场或自然环境中，多人相互追逐的跑。追逐时间可选择一定的距离追逐，然后再慢跑或走，反复追逐；追逐跑的距离、速度根据练习的目的而定。

【作用】提高速度耐力和无氧与有氧代谢水平。

【要求】同伴之间保持 5~10 m 的距离，用中等或较快的速度追逐对方，慢跑时应使脉搏不低于 100 次/min 左右。

7. 领先跑

【方法】在田径场、公路或自然地形中，以多人练习的形式，每个人轮流交替领先跑，用接近比赛的速度跑完一定的距离，然后进行慢跑的练习。

【作用】提高一般耐力水平。

【要求】跑的距离和速度要结合专项的要求，脉搏要保持在 170 次/min 以上；这一练习的强度较大，可每周或隔周安排一次练习。

8. 匀速持续跑

【方法】采用中等速度持续跑较长或一定的距离，在跑的整个过程中，保持一定的速度，用匀速跑完规定的距离。

【作用】提高专项耐力水平，提高混合代谢能力。

【要求】速度达到中等速度，心率保持在 150 次/min 左右，以匀速持续跑一定的距离。

9. 定时跑

【方法】在田径场或野外进行 15 min 或 20 min 等计划规定的定时跑，计取每次定时跑的距离，在保持一段时间后，突破定时跑的距离，增大练习的强度，

【作用】提高专项耐力水平，提高练习强度。

【要求】确定定时跑的时间后，不断增加跑的距离，以提高练习强度。

第五章

拉伸训练

一、拉伸的功能作用

在体能训练的过程中，好的柔韧性会对大学生的肌肉以及关节起到积极的作用，有助于大学生扩大动作幅度，较好地完成各项训练任务，同时，柔韧性是身体素质的重要组成部分，也是身体健康的要素之一。柔韧性差会影响动作技能的掌握，同时会限制力量、速度、协调等素质的发展。拉伸是一种训练方式，是提高机体柔韧性的重要手段，也是身体功能训练中的一种重要方法，主要是针对特定的肌肉、韧带或关节，通过增加骨骼肌起止点或不同骨骼间距离的方式，调整肌肉的肌张力，提高关节的活动度。

拉伸训练有多种益处。在进行体能训练的准备活动期间，拉伸练习可以有效降低肌肉黏滞性，减少不必要的能量损耗。同时，由于肌肉弹性增加，可以进一步提高肌肉的收缩速度与收缩力量，有助于学生更加轻松地完成技术动作，预防运动损伤。在体能训练之后进行拉伸，可改善关节周围软组织的伸展性以及肌肉的肌张力，进一步放松肌肉，同时加快机体的血液和淋巴循环，促进代谢产物的排除，减轻运动后肌肉的短期酸痛和延迟性酸痛。

二、肌肉柔韧性的影响因素

(一)骨骼肌与韧带

骨骼肌通过拉伸等外力的作用可被拉长，这是其伸展性决定的，但肌纤维各肌丝之间的相互摩擦又产生了黏滞性，这类内阻力可直接影响肌肉的收缩幅度与速度。具有支撑、保护和固定关节作用的韧带组织具有一定的伸展性与弹性，在外力作用下也可被拉长，当外力解除后可快速恢复原状。

(二)关节的结构特征

关节的结构决定关节的活动方向和幅度，关节的活动幅度通常是由骨的连接结构、关节周围的皮下脂肪和软组织厚度以及肌腱和韧带的弹性共同决定的。灵活性的发展也仅限制在关节结构所允许的范围内,否则会引起关节损伤,降低关节的稳定性。例如,球窝关节(髋关节、肩关节)的活动范围最大,可以在任何解剖平面上活动,由于肩关节的辅助结构较少,其灵活性比髋关节大。而椭圆关节(腕关节)可以在矢状面与额状面上活动,铰链关节(膝关节)仅允许在矢状面上活动,相对于球窝关节而言,活动范围受限较大。

(三)关节周围组织的体积

人体由各种不同形态结构的组织构成,如果组织体积过大或含量过高,会影响动作的伸展幅度,尤其是身体脂肪含量和关节周围组织体积过分发达,关节的活动范围就会受限。为了解决关节的活动幅度和关节周围组织体积增加的矛盾,必须有针对性地进行拉伸练习,提高关节周围组织的伸展性与弹性,才能更好地提高运动技能水平。

(四)中枢神经系统的协调能力

关节的活动范围常常因为拮抗肌不能充分放松而受到限制,这通常是由中枢神经系统的协调能力决定的。因此,有针对性地改善主动肌与拮抗肌之间的协调性,能够有效改善关节的活动范围。在最大限度增加关节活动幅度的情况下,主动肌的收缩也需要克服拮抗肌、关节囊和韧带等结缔组织的弹性阻力,此时主动肌的长度明显缩短,可能会使肌张力降低。

(五)肌梭与腱梭

关节周围肌肉和结缔组织的伸展性,不能忽视肌肉本体感受器官的作用。肌肉被动牵张的过程中,肌梭和腱梭均受到刺激。其中肌梭的传入冲动引起肌肉反射性收缩,以抵抗牵拉;腱梭的传入冲动则引起肌肉反射性放松,作为一种保护机制,可以使肌肉的伸展性达到最大限度但不被拉伤。训练可能会使其兴奋阈值发生适应性变化,使肌梭兴奋阈值升高,腱梭兴奋阈值降低。

(六)牵张反射

牵张反射是指肌肉在外力或自身的其他肌肉收缩的作用下受到牵拉时,由于本身的感受器受到刺激,诱发同一肌肉产生收缩的一类反射。这类反射能够避免一块肌肉被过快、过长地牵伸,从而保护关节,避免损伤。牵张反射类型分为腱反射与肌紧张两种。腱反射是指快速牵拉肌腱时发生的牵张反射,主要是快肌纤维收缩;肌紧张是指缓慢持续牵拉肌腱时发生的牵张反射,主要是慢肌纤维收缩。牵张反射的出现取决于许多因素,包括肌肉被拉伸的速度和长度,拮抗肌收缩时是否引起牵伸以及拮抗肌是否被激活等。

(七)逆牵张反射

逆牵张反射(即自主抑制)是由位于肌腹、肌腱移行处和肌腱内的腱梭等张力感受器引起的。当肌肉收缩达到一定强度时,张力作用于腱器官,使之兴奋,通过 Ib 类传入纤维,反射性地抑制同一肌肉,使肌肉停止收缩,出现舒张。

(八)交互抑制

当支配某一肌肉的运动神经元受到传入冲动的兴奋时,支配其拮抗肌的神经元则受到这种冲动的抑制，这种生理活动现象称为交互抑制。当某一肢体的屈肌收缩时，伸肌松弛，这是因为同一刺激所引起的传入冲动一方面使屈肌中枢发生兴奋，另一方面却使伸肌中枢发生抑制。

三、拉伸的技术分类

拉伸的技术可按照不同维度进行分类，根据施力方式可分为主动拉伸、被动拉伸和辅助拉伸，根据动作特征可分为动态拉伸和静态拉伸。此外还有一些不同方法，比如 PNF、AIS 以及弹性拉伸等。随着运动科学的快速发展，为适应身体活动的需求，许多不同的拉伸方法应运而生，其中一些方法更是得到了多样化的发展，但这些不同方法的主要功能、目的方法和原理存在较大共性。在具体方法上，本节主要介绍静态拉伸（static stretch）、动态拉伸（dynamic stretch）、本体感受神经肌肉性促进法拉伸（proprioceptive neuromuscular facilitation stretch，PNF）以及主动分离式拉伸（Active Isolated Stretch，AIS）。

（一）静态拉伸

静态拉伸是指通过缓慢的动作将肌肉、韧带等软组织拉长到一定程度时，保持静止不动状态的练习方法。这种方法对改善关节活动范围、缓解机体疲劳和减少运动损伤等均有良好的作用。由于静态拉伸动作匀速、缓慢且运动幅度小，牵张反射会受到抑制，软组织可能有不适的牵拉感，但不会有疼痛的感觉。当静态拉伸时间足够长时，就会激活高尔基腱器，导致肌肉放松，因此常被作为训练与比赛结束后的恢复手段。不过，静态拉伸也曾长期用于准备活动中，作为提升运动状态、减少肌肉酸痛与预防伤病的方法。但也有相关研究证明，静态拉伸过度会降低肌肉的力量、爆发力、速度、反应时间与动作时间，以及力量耐力，因此只有适当掌握准备活动中静态拉伸与动态拉伸的比例和前后顺序，才能达到既增大训练与比赛所需的关节活动范围，又提高肌肉的工作效率的目的。

一般静态拉伸的顺序应自下而上、从大到小进行。在运动结束后，血液受重力影响，大量积聚在下肢扩张的静脉与毛细血管网内，因此静态拉伸最好按从下肢到躯干再到上肢的顺序进行，这样的顺序有助于静脉血回流。先拉伸大肌肉群，后拉伸小肌肉群的原因是除了血液大多集中在大肌肉群，需要率先回流外，还有运动后大肌肉群的紧张度直接影响关节的活动范围，先进行大肌肉群的静态拉伸练习有利于更好地放松。目前，普遍认为在拉伸的位置保持 15~30 s 为最佳的拉伸时间，时间过长（大于 60 s）的静态拉伸会对肌肉产生负面影响。

（二）动态拉伸

动态拉伸是指有节奏控制、速度略快地重复同一动作的练习方法。这种方法常被运用于身体功能训练的准备活动中，其动作模式整合了多个关节到单个动态拉伸动作中，容易接近或模仿专项动作的复合运动形式，因此对肌肉力量和肌肉收缩速度均有较高的要求，能够帮助机体做好专项运动的准备。相比静态拉伸，动态拉伸的肌肉张力的变化峰值较高，能够引起肌肉的牵张反射，不仅可以提高肌肉的伸展性与收缩性，而且可以促进血液循环，提高肌肉的弹性和动作效果。

动态拉伸在身体功能训练中也常被设计于准备活动之中，一般主要运用于力量训练板块。每组力量动作练习结束后，针对力量所涉及的主要目标肌群采用相关动态拉伸的纠正练习来增加"动作关节活动范围（DROM）"，这类练习有助于目标肌群肌纤维恢复原长度，并且可以保持或增加接下来力量练习的动作速度。在实践过程中，准备活动中的动态拉伸练习，一般每个动作保持 2 s，重复 3~5 次，完成 1~2 组；纠正动作练习的动态拉伸练习，一般每个动作保持 3 s，重复 5 次左右，完成 1 组即可。

（三）本体感受神经肌肉性促进法拉伸

本体感受神经肌肉性促进法拉伸（简称"PNF 拉伸"）常被作为一种理想的拉伸训练和神经肌肉恢复训练的主要手段。在运动训练中，PNF 拉伸是以人体螺旋对角线运动模式为基础，通过刺激人体本体感受器，激活和募集最大数量的运动肌纤维参与活动，促进主动肌与拮抗肌的交互收缩与放松，从而增强神经的兴奋、抑制的转化能力，改变肌肉的张力，并且有效地扩大关节活动范围的一种方法。PNF 拉伸既可以在训练的热身活动中采用，也可以在恢复再生阶段采用。

PNF 拉伸从练习形式上看和静态拉伸方法相似，但在机理上有本质的区别。PNF 拉伸的生理学理论依据是利用逆牵张反射达到使肌肉放松的目的，肌肉做等长收缩，会对肌肉产生强烈的刺激，肌肉中的腱梭会将信号传入中枢神经，反射性地使肌肉放松，导致逆牵张反射的产生。也就是说，被牵拉肌肉的主动收缩能抵消所产生的牵张反射，其收缩后放松加大，拮抗肌的收缩也可以加大主动肌的放松。

在 PNF 拉伸过程中，包含着被动拉伸和静态拉伸，后面把这种肌肉工作方式叫做放松。PNF 拉伸有三种经典的技术类型，分别是静力—放松，收缩—放松，静力—放松，同时对侧主动肌收缩。这三种技术类型的肌肉活动方式都能在被动拉伸之前，通过等长收缩和向心收缩，引起自身本体感受性抑制。上述的三种 PNF 拉伸技术都分为三个时相：第一时相是被动静力式拉伸，持续时间一般为 10 s；第二时相的肌肉活动方式不同，持续时间依据具体操作而定；第三时相依然是被动静力式拉伸，持续时间一般为 30 s。

（四）主动分离式拉伸

主动分离式拉伸（简称"AIS 拉伸"）是指通过原动肌的主动收缩和中枢神经的交互抑制，增加被拉伸关节的关节活动度。运动员可借助 8~10 ft（1 ft = 30.48 cm）的牵拉绳进行牵拉。单独将被牵拉肌肉主动拉长到最大活动幅度，保持不超过 2 s，然后回到起始位置，重复 8~10 次。AIS 拉伸的要点是，最后阶段绳子的辅助牵拉幅度不宜过大，一般不超过原有活动幅度的 6~10%，要在运动员可以忍受的范围内，不要出现疼痛。整个牵拉过程中，全身肌肉要放松，并配合呼吸进行。

四、拉伸的注意事项

（一）避免疼痛

许多人对拉伸的认识不正确，认为如果拉伸时没有疼痛的感觉就不起作用。这种观点是不正确的。如果拉伸到产生疼痛，身体的自然反应会使肌肉紧张以防止进一步被拉长，并启动防御机制，这种情况下若持续拉伸，肌肉反而可能会受到伤害。当你拉伸刚开始感到一些阻力但没有不舒服感觉的那个位置，就是拉伸结束的位置。

(二)热身后拉伸

比赛前的拉伸能够增加关节活动范围。如果先进行热身，再拉伸，其效果比直接拉伸更充分、更有效，也能够减少损伤的发生。每次训练课之前都要有5~6分钟的与运动特点相似的轻松运动和8~12分钟的专项拉伸活动。拉伸可以增加肌肉和肌腱的弹性，促进运动肌肉的血液循环，从而减小肌肉损伤，特别是减小肌肉拉伤的可能性。

(三)运动后拉伸

运动使肌肉温度升高，运动后的拉伸能够改善关节活动范围。运动后的拉伸应在运动停止后的5~10分钟进行。体温的增加可以提高肌肉和肌腱中胶原肌纤维的弹性，使拉伸幅度增大。运动后拉伸还可以缓解肌肉酸痛，使疲劳的肌肉恢复到正常的静息长度。

(四)缓慢拉伸

拉伸过程和学生雷厉风行的作风不同，需要温柔以待。如果手臂和腿拉伸过快或者过于用力，肌肉拉伸速度也会过快，身体就会自主认为肌肉即将被撕裂或受伤，会通过收缩肌肉来尽力保护肌肉，导致无法完成动作或者无法达到预期效果。

(五)配合呼吸

拉伸一定要配合良好的呼吸模式。控制呼吸在柔韧性拉伸练习中扮演着非常重要的角色，因为呼吸有利于放松，这也是拉伸的重要目的之一。快而浅的呼吸和不畅的呼吸都是不合理的，最佳的方式是深吸慢呼的呼吸，需要慢慢吸气到底，然后慢慢吐气放松。

(六)拉伸的频率、持续时间

几种拉伸方法的适用频率、持续时间等如表7-1所示。

表7-1　几种拉伸方法适用时间表

拉伸方式	适用时间	拉伸动作的时间	频率(每天，每周)
主动拉伸	运动后	10 s	1~2次，5~6天
被动拉伸	运动前、中、后	分别为10 s、6 s、30 s	1~2次，5~6天
动态拉伸	运动前，中，后	8~10次	1~2次，5~6天

五、拉伸的具体动作方法

上面所介绍的几种拉伸方法，可按照身体部位分为上肢拉伸、颈部和躯干拉伸以及下肢拉伸。本节将逐一列举三种拉伸方法的具体操作方法(如表7-2)。

表 7 – 2 三种方法的拉伸方式

身体部位	主动静态拉伸	被动静态拉伸	动态拉伸
上肢	肱二头肌、肱三头肌	肱二头肌、肩后侧肌群、肩袖内旋肌群	胸部、肱三头肌、上背部及肩袖前部肌群、肩袖前部
颈部和躯干	胸锁乳突肌、胸大肌、胸小肌、背阔肌、腹直肌、腹斜肌、背伸肌群、腰方肌、下腰背、髂腰肌、	髂腰肌、腰椎、腹外斜肌、竖脊肌、胸大肌、背阔肌、腰方肌、斜方肌、头夹肌、斜角肌	上背部
下肢	腓肠肌、腘绳肌、胫骨前肌、比目鱼肌、臀大肌、梨状肌、股四头肌、大腿内收肌群、"麻花拉伸"	臀大肌、臀中肌、梨状肌、股四头肌、大腿内收肌群、大腿外展肌群、股后肌群、腓肠肌、髋部外旋肌群、髋部内旋肌群、髂胫束	股四头肌/屈髋肌、腓肠肌、比目鱼肌、屈髋肌群、外展肌群、内收肌群

（一）主动静态拉伸

（1）主动静态拉伸—胸锁乳突肌

动作功能

● 牵拉目标肌肉，胸锁乳突肌。

动作要点

● 呈直立姿，挺胸抬头，下颌微收，双臂自然垂于体侧（图5－1）；

● 头部向右侧旋转，微微抬头，直至胸锁乳突肌有中等程度的牵拉感；

● 保持姿势至规定时间，对侧亦然。

图5－1 主动静态拉伸—胸锁乳突肌

（2）主动静态拉伸—胸大肌

动作功能
- 牵拉目标肌肉，胸大肌。

动作要点
- 呈直立姿，挺胸抬头，左臂自然垂于体侧，右臂抬起，肘关节屈曲，前臂抵住牵拉架或其他辅助工具（图5－2）；
- 保持背部挺直的同时，身体逐渐前倾，直至胸大肌有中等程度的牵拉感；
- 保持姿势至规定时间，对侧亦然。

（3）主动静态拉伸—胸小肌

动作功能
- 牵拉目标肌肉，胸小肌。

动作要点
- 呈前后分腿姿，挺胸抬头，双臂伸直，双手手指交叉于背后相扣（图5－3）；
- 保持身体直立的同时，尽量使肩胛骨向下拉，缓慢向上抬臂，直至胸小肌有中等程度的牵拉感；
- 保持姿势至规定时间，对侧亦然。

图5－2　主动静态拉伸—胸大肌　　　　图5－3　主动静态拉伸—胸小肌

（4）主动静态拉伸—肱二头肌

动作功能
- 牵拉目标肌肉，肱二头肌。

动作要点
- 找一张桌子或其他辅助工具，根据柔韧性选择与肩部同高或略低于肩部的高度，背对桌子站立，离桌子约一臂的距离；

- 右手臂向内旋转，让大拇指指向臀部，手臂向后伸抓住桌子或其他辅助工具，此时，指关节应该向下，大拇指则指向身体的方向，挺直身体，收紧腹部，左脚向前迈一小步（图5-4）；
- 小心地弯曲双腿，同时上半身不要向前倾斜，拉伸5~10 s，继续拉伸直至上臂前侧出现轻微刺痛感，放松肌肉5~10 s。

图5-4　主动静态拉伸—肱二头肌

（5）主动静态拉伸—背阔肌

动作功能
- 牵拉目标肌肉，背阔肌。

动作要点
- 找一个门把手或类似的固定物体，位置必须与肚脐同高，站立于门把手前，离门把手约一臂的距离，伸出右手抓住门把手，向侧面迈一步，让左肩比右肩离墙面更近一些，上半身向前倾，与手臂在同一平行线上（图5-5）；
- 右腿向左后方伸展，从后面看，腿、躯干和手臂应该呈弓形，左手放在门或墙壁上，稍微靠近右手左侧，左臂微屈以便发力推；
- 左手将身体推离墙面，同时增加"弓形"的弯曲度，拉伸5~10 s，直至背部一侧出现轻微刺痛，放松肌肉5~10 s；
- 右手臂向侧面移动，产生阻力，坚持5~10 s，请勿放开把手或移动身体，放松身体5~10 s，继续增加"弓形"的弯曲度，继续将身体推离门或墙面，进一步拉伸，直至到达新的终止点。

图 5 – 5　主动静态拉伸—背阔肌

（6）主动静态拉伸—肱三头肌

动作功能

- 牵拉目标肌肉，肱三头肌。

动作要点

- 呈直立姿窄站位，挺胸抬头，右臂肘部弯曲，抬右臂，直至肘部靠近右耳，右手靠近右肩胛骨（图 5 – 6）；
- 左手抓住右臂肘部，向头后方向拉，直至肱三头肌有中等程度的牵拉感；
- 保持姿势至规定时间，对侧亦然。

图 5 – 6　主动静态拉伸—肱三头肌

（7）主动静态拉伸—腹直肌

动作功能

● 牵拉目标肌肉，腹直肌。

动作要点

● 呈俯卧姿，双手伸直撑地，保持下肢及髋关节贴紧地面（图5-7）；

● 头向后仰，手向身体后方移动，直至腹直肌有中等程度的牵拉感；

● 保持姿势至规定时间。

图5-7　主动静态拉伸—腹直肌

（8）主动静态拉伸—腹斜肌

动作功能

● 牵拉目标肌肉，腹斜肌。

动作要点

● 呈俯卧姿，双手伸直撑地，保持下肢及髋关节贴紧地面（图5-8）；

● 身体随头向右后方转动，手向身体后方移动，直至腹斜肌有中等程度的牵拉感；

● 保持姿势至规定时间，对侧亦然。

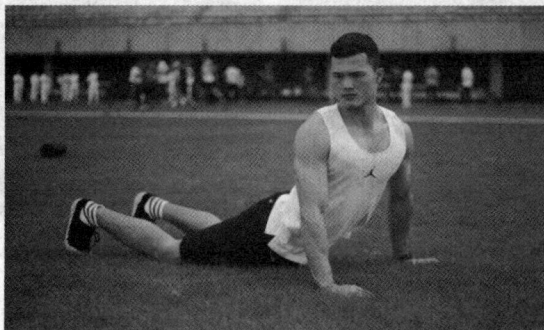

图5-8　主动静态拉伸—腹斜肌

(9)主动静态拉伸—背伸肌群

动作功能
●牵拉目标肌肉，背伸肌群。

动作要点
●呈坐姿，双腿分开，微微屈膝，俯身向前趴下，双手自然放在身体前方的地面上(图5-9)；
●双手逐渐向前伸，直至背伸肌群有中等程度的牵拉感；
●保持姿势至规定时间。

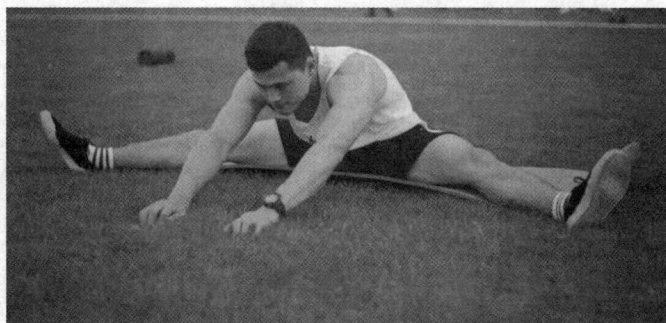

图5-9 主动静态拉伸—背伸肌群

(10)主动静态拉伸—腰方肌

动作功能
●牵拉目标肌肉，腰方肌。

动作要点
●呈坐姿，双腿伸直分开，背部平直(图5-10)；
●右手扶住左侧骨盆，左手臂抬起，带动身体尽可能地向右侧弯曲，直至左侧腰方肌有中等程度的牵拉感；
●保持姿势至规定时间，对侧亦然。

图5-10 主动静态拉伸—腰方肌

（11）主动静态拉伸—下腰背

动作功能
- 牵拉目标肌肉，下腰背肌群。

动作要点
- 呈坐姿，右腿伸直，将左脚放在右膝的外侧，将右手置于左膝的左侧（图5-11）；
- 左手置于臀部正后方30~40 cm处并用力向地面上推，右手发力牵拉左膝向右移动，头部和躯干向身体左后方旋转，直至下腰背有中等程度的牵拉感；
- 保持姿势至规定时间，对侧亦然。

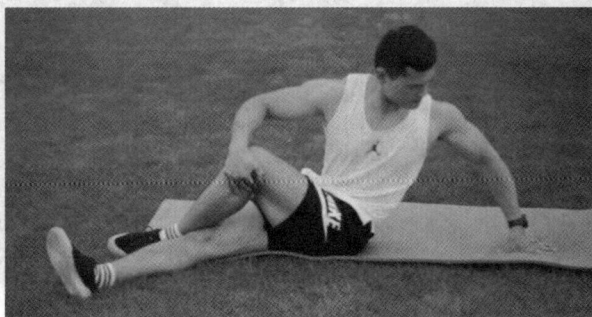

图5-11　主动静态拉伸—下腰背

（12）主动静态拉伸—髂腰肌

动作功能
- 牵拉目标肌肉，髂腰肌。

动作要点
- 呈低分腿姿，右腿在前，左腿在后，收紧腹部，背部保持平直（图5-12）；
- 右手自然放在右腿膝关节上，左手手臂向上伸展做内旋动作，身体逐渐向右倾斜，直至髂腰肌有中等程度的牵拉感；
- 保持姿势至规定时间，对侧亦然。

（13）主动静态拉伸—股四头肌

动作功能
- 牵拉目标肌肉，股四头肌。

动作要点
- 呈单腿直立姿，右手扶握牵拉架或其他辅助工具，左手向后抓住左脚脚踝（图5-13）；
- 左手尽可能将左脚脚踝拉向臀部，直至股四头肌有中等程度的牵拉感；
- 保持姿势至规定时间，对侧亦然。

图 5 – 12　主动静态拉伸—髂腰肌

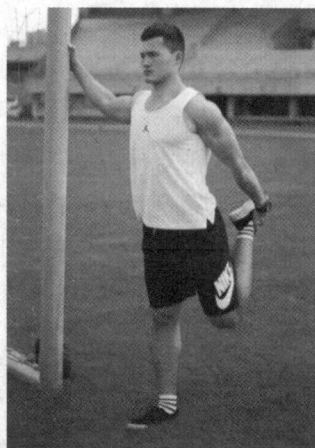

图 5 – 13　主动静态拉伸—股四头肌

（14）主动静态拉伸—梨状肌

> **动作功能**
>
> ● 牵拉目标肌肉，梨状肌。
>
> **动作要点**
>
> ● 呈仰卧姿，将右脚脚踝放在左膝上方，保持头部及身体紧贴地面（图 5 – 14）；
>
> ● 双手抱住左大腿的后侧，将左腿拉向身体，直至梨状肌有中等程度的牵拉感；
>
> ● 保持姿势至规定时间，对侧亦然。

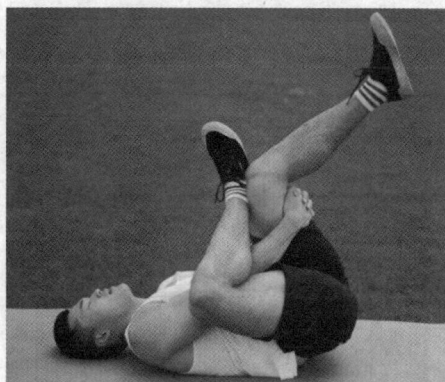

图 5 – 14　主动静态拉伸—梨状肌

（15）主动静态拉伸—大腿内收肌群

动作功能

● 牵拉目标肌肉，大腿内收肌群。

动作要点

● 呈直立姿宽站位，双臂伸直，双手手指交叉于胸前，掌心朝外；

● 左脚向外跨一大步，屈髋屈膝下蹲，右腿伸直，始终保持双脚脚尖指向正前方，直至大腿内收肌群有中等程度的牵拉感（图5-15）；

● 保持姿势至规定时间，对侧亦然。

图5-15 主动静态拉伸—大腿内收肌群

（16）主动静态拉伸—腘绳肌

动作功能

● 牵拉目标肌肉，腘绳肌。

动作要点

● 呈前后分腿姿，双手叉腰，背部平直，腹肌收紧（图5-16）；

● 始终保持左腿伸直，左脚脚踝背屈，脚后跟着地，逐渐屈髋向后坐，直至腘绳肌有中等程度的牵拉感；

● 保持姿势至规定时间，对侧亦然。

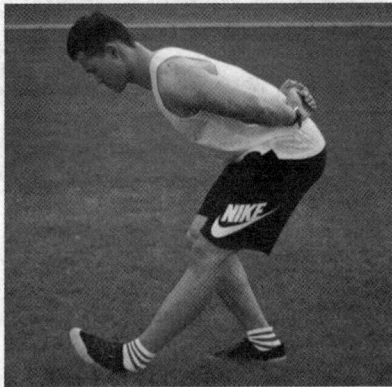

图5-16 主动静态拉伸—腘绳肌

（17）主动静态拉伸—胫骨前肌

> **动作功能**
>
> ● 牵拉目标肌肉，胫骨前肌。
>
> **动作要点**
>
> ● 呈站姿，双手叉腰，右脚置于身体后方，右脚尖立起，脚踝稍稍内旋，和胫骨前肌肌肉走向相一致（图5－17）；
>
> ● 身体向左侧旋转，直至胫骨前肌有中等程度的牵拉感；
>
> ● 保持姿势至规定时间，对侧亦然。

图5－17　主动静态拉伸—胫骨前肌

（18）主动静态拉伸—比目鱼肌

> **动作功能**
>
> ● 牵拉目标肌肉，比目鱼肌。
>
> **动作要点**
>
> ● 呈坐姿，左腿伸直，屈右膝，右脚背屈，双手握住右脚脚尖位置（图5－18）；
>
> ● 以右脚跟为支点，将右脚尖拉向身体，直至比目鱼肌有中等程度的牵拉感；
>
> ● 保持姿势至规定时间，对侧亦然。

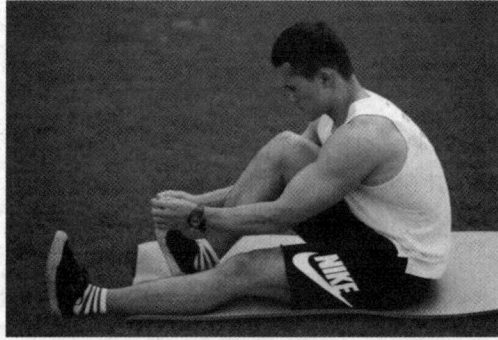

图 5 – 18　主动静态拉伸—比目鱼肌

（19）主动静态拉伸—腓肠肌

动作功能

● 牵拉目标肌肉，腓肠肌。

动作要点

● 找一处牢固的物体边缘，如台阶，左脚脚掌踩在平面上（约三分之一脚长），
　足弓和脚后跟悬空（图 5 – 19）；

● 放松小腿，让脚跟顺势落下进行拉伸，放松肌肉 5 ~ 10 s（图 5 – 19）；

● 小腿发力上提，脚跟离地 2.5 ~ 5 cm，以产生抗阻力，放松肌肉 5 ~ 10 s。

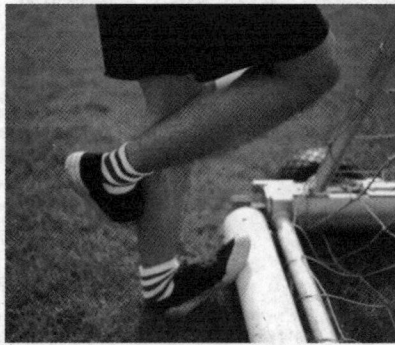

图 5 – 19　主动静态拉伸—腓肠肌

（20）主动静态拉伸—"麻花拉伸"

动作功能
- 牵拉目标肌肉，股四头肌、髂胫束、股二头肌、臀大肌、梨状肌等。

动作要点
- 呈仰卧姿，左腿侧转向身体右侧，右手用力把住左腿大腿外侧，同时右腿屈膝后伸，左手抓住右脚脚尖（图5-20）；
- 身体背部尽量贴住地面，同时双手用力，将左腿膝盖、右脚压向地面；
- 保持姿势至规定时间，对侧亦然。

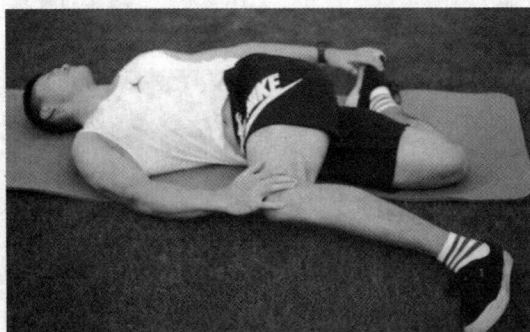

图5-20　主动静态拉伸—"麻花拉伸"

（二）被动静态拉伸

1. 被动静态拉伸—臀大肌和梨状肌

动作功能
- 牵拉目标肌肉，臀大肌、梨状肌等。

动作要点
- 被拉伸者呈仰卧姿，全身放松。拉伸者抱起被拉伸者右腿，一手把住膝盖下侧，另外一手把住大腿部分；
- 拉伸者缓慢用身体将被拉伸者大腿向其腹部下压，持续30 s以上（图5-21）；
- 同样姿势，缓慢向被拉伸者的右侧方向和左侧方向分别下压，持续30 s以上（图5-22、图5-23）；
- 被拉伸者配合进行深呼吸放松，拉伸者完成一侧后，再进行另外一侧的拉伸。

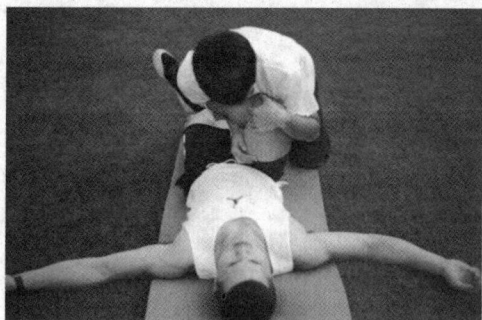

图 5 - 21　被动静态拉伸—臀大肌和梨状肌
（向被拉伸者下侧）

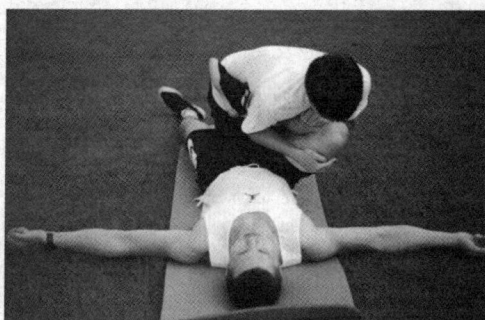

图 5 - 22　被动静态拉伸—臀大肌和梨状肌
（向被拉伸者右侧）

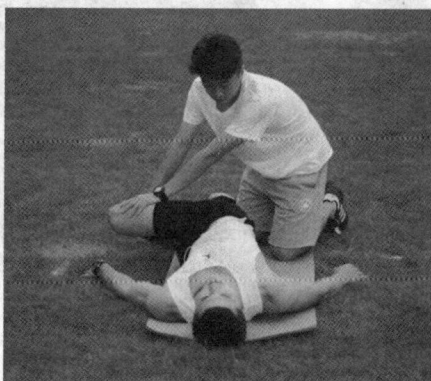

图 5 - 23　被动静态拉伸—臀大肌和梨状肌
（向被拉伸者左侧）

2. 被动静态拉伸—大腿内收肌群

动作功能

- 牵拉目标肌肉，大腿内收肌群等。

动作要点

- 被拉伸者呈仰卧姿，全身放松，左腿伸直外旋，右腿内旋与左腿交叉，两腿成大于 90° 夹角；
- 拉伸者跪于被拉伸者的左腿内侧，拉伸者右腿顶住拉伸者左腿，两手分别放于其髋关节和膝关节处；
- 拉伸者缓慢用身体将被拉伸者大腿向其外侧前压，持续 30 s 以上（图 5 - 24）；
- 被拉伸者配合进行深呼吸放松，拉伸者完成一侧后，再进行另外一侧的拉伸。

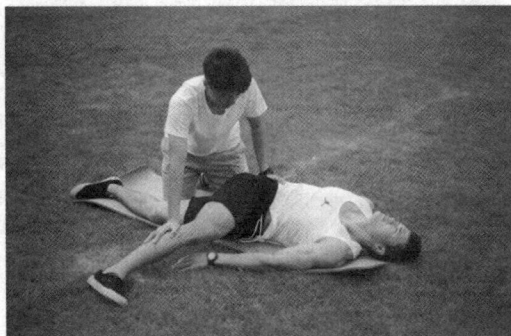

图 5 – 24　被动静态拉伸—大腿内收肌群

3. 被动静态拉伸—大腿外展肌群和坐骨神经

动作功能

- 牵拉目标肌肉，大腿外展肌群和坐骨神经。

动作要点

- 被拉伸者呈仰卧姿，全身放松，上身保持平躺姿势，两腿"人"字交叉，腰部稍转向左侧(图 5 – 25)；
- 拉伸者跪于垫上，用双腿固定被拉伸者的左腿，两手分别扶住其右侧髋关节和踝关节；
- 拉伸者缓慢用身体将被拉伸者大腿往斜上压，持续 30 s 以上；
- 被拉伸者配合进行深呼吸放松，拉伸者完成一侧后，再进行另外一侧的拉伸。

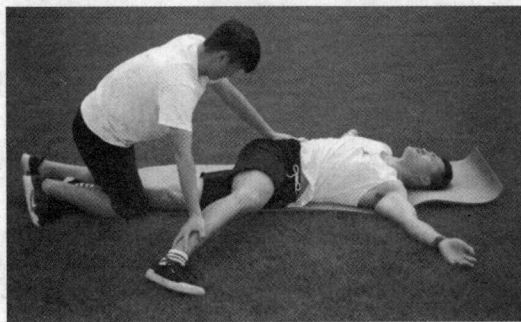

图 5 – 25　被动静态拉伸—大腿外展肌群和坐骨神经

4.被动静态拉伸—股后肌群

动作功能

● 牵拉目标肌肉，股后肌群。

动作要点

● 被拉伸者呈仰卧姿，全身放松，左腿上抬，与地面成90°，膝关节伸直（图5-26）；

● 拉伸者跪于垫上，被拉伸者左腿放于拉伸者肩部；

● 拉伸者缓慢用身体将被拉伸者大腿下压，持续30 s以上；

● 被拉伸者配合进行深呼吸放松，拉伸者完成一侧后，再进行另外一侧的拉伸。

图5-26　被动静态拉伸—股后肌群

5.被动静态拉伸—小腿腓肠肌

动作功能

● 牵拉目标肌肉，小腿腓肠肌。

动作要点

● 被拉伸者呈仰卧姿，全身放松，右腿上抬，与地面成90°，膝关节伸直（图5-27）；

● 拉伸者站于垫上，用双脚控制被拉伸者右腿，右手握住左脚踝，左手按住膝关节；

● 拉伸者缓慢用右手向前压被拉伸者踝关节，持续30 s以上；

● 被拉伸者配合进行深呼吸放松，拉伸者完成一侧后，再进行另外一侧的拉伸。

图 5 – 27　被动静态拉伸—小腿腓肠肌

6. 被动静态拉伸—髂腰肌

动作功能

● 牵拉目标肌肉，髂腰肌

动作要点

● 被拉伸者呈仰卧姿，全身放松，左侧屈髋，左腿向内屈膝，右腿伸直(图 5 –28)；
● 拉伸者跪于垫上，左手扶于被拉伸者髋部，右手扶于膝关节内侧；
● 拉伸者用右手缓慢将被拉伸者的大腿下压，持续 30 s 以上；
● 被拉伸者配合进行深呼吸放松，拉伸者完成一侧后，再进行另外一侧的拉伸。

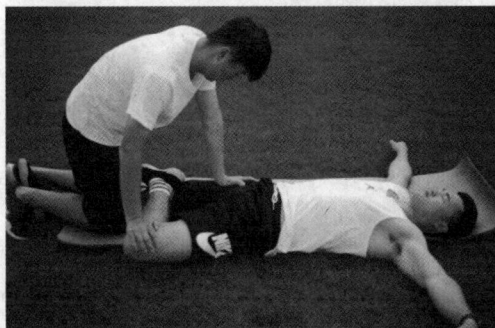

图 5 – 28　被动静态拉伸—髂腰肌

7. 被动静态拉伸—臀中肌

动作功能

● 牵拉目标肌肉，拉伸臀中肌

动作要点

● 被拉伸者呈仰卧姿，全身放松，右腿伸直，左侧屈髋，左腿内旋屈膝，与右腿交叉(图 5 –29)；

- 拉伸者跪于垫上，右手扶于髋部，左手扶于膝关节外侧；
- 拉伸者利用自身上肢缓慢将被拉伸者的大腿下压，持续30 s以上；
- 被拉伸者配合进行深呼吸放松，拉伸者完成一侧后，再进行另外一侧的拉伸。

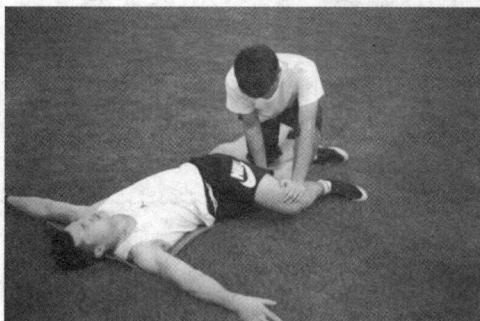

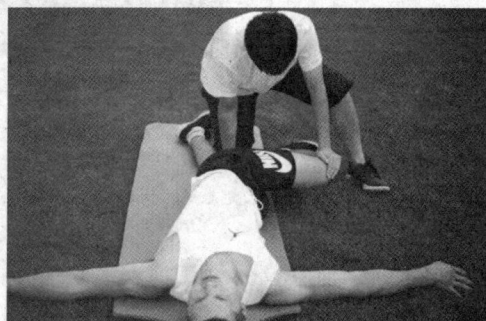

图5-29 被动静态拉伸—臀中肌

8. 被动静态拉伸—髋部外旋肌群

动作功能

- 牵拉目标肌肉，拉伸髋部外旋肌群。

动作要点

- 被拉伸者呈仰卧姿，全身放松，被拉伸者左侧屈髋、左腿内旋屈膝放于拉伸者的膝关节，右腿伸直(图5-30)；
- 拉伸者跪在被拉伸者下方，左脚固定被拉伸者的右腿，右手扶于其膝关节，左手扶于其脚掌；
- 拉伸者用右腿缓慢将被拉伸者的小腿后推，持续30 s以上；
- 被拉伸者配合进行深呼吸放松，拉伸者完成一侧后，再进行另外一侧的拉伸。

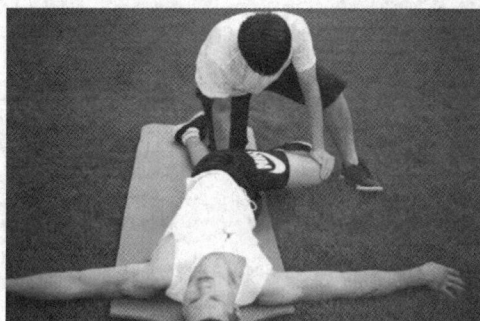

图5-30 被动静态拉伸—髋部外旋肌群

9. 被动静态拉伸—腰椎

动作功能

- 牵拉目标肌肉，腰椎。

动作要点

- 被拉伸者呈仰卧姿，全身放松，被拉伸者左腿伸直，右腿内旋屈膝，与左腿交叉，成15°~45°夹角(图5-31)；
- 拉伸者站于被拉伸者下方，左手压住被拉伸者右肩，使其右肩贴于垫子上，右手抵住被位伸者右侧臀部；
- 拉伸者右手缓慢向被拉伸者左侧斜上压，持续30 s以上；
- 被拉伸者配合进行深呼吸放松，拉伸者完成一侧后，再进行另外一侧的拉伸。

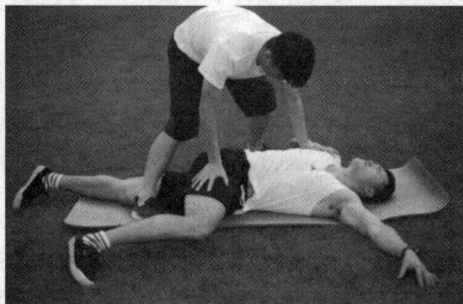

图5-31　被动静态拉伸—腰椎

10. 被动静态拉伸—胸椎(旋转的活动度)

动作功能

- 牵拉目标肌肉，胸椎。

动作要点

- 被拉伸者呈仰卧姿，全身放松，左腿伸直，右腿内旋屈膝，与左腿交叉，成60°~90°夹角(图5-32)；
- 拉伸者跪于被拉伸者下方，左手压住被拉伸者右肩，使其右肩贴于垫子上，右手抵住被拉伸者右侧臀部；
- 拉伸者用右手缓慢向被拉伸者左侧前推，持续30 s以上；
- 被拉伸者配合进行深呼吸放松，拉伸者完成一侧后，再进行另外一侧的拉伸。

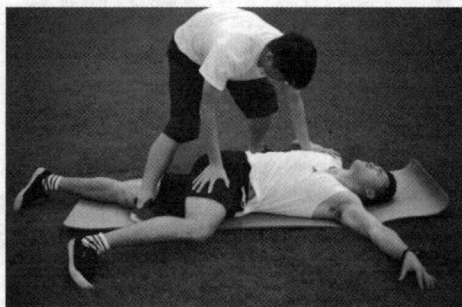

图 5 – 32　被动静态拉伸—胸椎

（旋转的活动度）

11. 被动静态拉伸—髂腰肌和腹外斜肌

动作功能

● 牵拉目标肌肉，髂腰肌和腹外斜肌。

动作要点

● 被拉伸者呈俯卧姿，全身放松，左腿屈膝微微上抬，放于右腿上，右腿微屈，伸髋（图 5 – 33）；

● 拉伸者跪于被拉伸者左侧方，左手压住被拉伸者左肩，使其左肩尽可能贴于垫子上，右手扶于被拉伸者左腿，右腿放于被拉伸者两腿之间；

● 拉伸者用右手缓慢将被拉伸者的大腿斜上后拉，持续30 s 以上；

● 被拉伸者配合进行深呼吸放松，拉伸者完成一侧后，再进行另外一侧的拉伸。

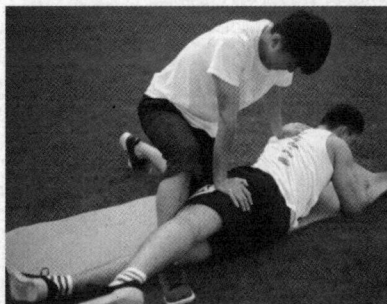

图 5 – 33　被动静态拉伸—髂腰肌和腹外斜肌

12. 被动静态拉伸—髂胫束

动作功能

- 牵拉目标肌肉，髂胫束。

动作要点

- 被拉伸者呈仰卧姿，全身放松，左腿伸直，右腿内旋屈膝，与左腿交叉（图 5 - 34）；
- 拉伸者跪于垫上，左手压住被拉伸者右髋，右手扶于被拉伸者膝关节外侧，右膝固定被拉伸者踝关节；
- 拉伸者用右手缓慢将被拉伸者的大腿下压，持续 30 s 以上；
- 被拉伸者配合进行深呼吸放松，拉伸者完成一侧后，再进行另外一侧的拉伸。

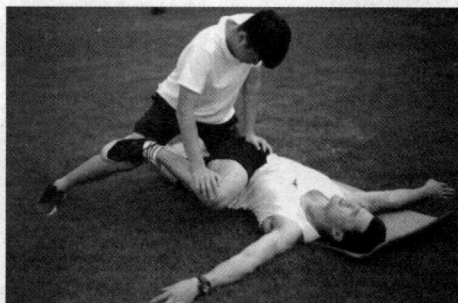

图 5 - 34 被动静态拉伸—髂胫束

13. 被动静态拉伸—髋部内旋肌群

动作功能

- 牵拉目标肌肉，髋部内旋肌群。

动作要点

- 被拉伸者呈俯卧姿，全身放松，左腿伸直，右腿外旋屈膝 90° 贴于垫上（图 5 - 35）；
- 拉伸者跪于垫上，左手压住被拉伸者左髋，右手扶于被拉伸者踝关节；
- 拉伸者用右手缓慢将被拉伸者的踝关节向下压，持续 30 s 以上；
- 被拉伸者配合进行深呼吸放松，拉伸者完成一侧后，再进行另外一侧的拉伸。

图 5 - 35　被动静态拉伸—髋部内旋肌群

14. 被动静态拉伸, 股四头肌

动作功能

- 牵拉目标肌肉, 股四头肌。

动作要点

- 被拉伸者呈俯卧姿, 全身放松, 右腿伸直, 左腿屈膝大于90°, 伸髋(图5-36);
- 拉伸者屈髋跪于被拉伸者左侧, 右腿垫于被拉伸者左腿下方, 左手压住被拉伸者左髋, 右手扶于被拉伸者踝关节;
- 拉伸者用右手缓慢将被拉伸者的踝关节向臀部下压, 持续30 s以上;
- 被拉伸者配合进行深呼吸放松, 拉伸者完成一侧后, 再进行另外一侧的拉伸。

图 5 - 36　被动静态拉伸—股四头肌

15. 被动静态拉伸—竖脊肌

动作功能
- 牵拉目标肌肉，竖脊肌。

动作要点
- 被拉伸者屈膝屈髋跪于垫上，全身放松，双手直臂前伸，臀部后坐（图5－37）；
- 拉伸者单腿跪于被拉伸者左侧，左手压住被拉伸者背部，右手压住被拉伸者腰部；
- 拉伸者用左手缓慢将被拉伸者背部下压，持续30 s以上。

图5－37 被动静态拉伸—竖脊肌

16. 被动静态拉伸—腹肌

动作功能
- 牵拉目标肌肉，腹肌。

动作要点
- 被拉伸者呈俯卧姿，全身放松，双手将上肢推起（图5－38）；
- 拉伸者屈膝屈髋站于被拉伸者正后方，双手分别扶于被拉伸者腋下。
- 拉伸者利用自身体重缓慢将被拉伸者的上肢拉起，持续30 s以上。

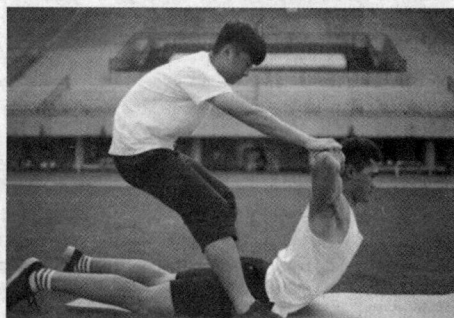

图5－38 被动静态拉伸—腹肌

17. 被动静态拉伸—胸大肌

动作功能

● 牵拉目标肌肉，胸大肌。

动作要点

● 被拉伸者上身保持垂直坐于垫上，全身放松，双手交叉于脑后（图5-39）；
● 拉伸者站于被拉伸者正后方，双腿固定被拉伸者背部，使其保持平直，双手分别扶于被拉伸者肘关节；
● 拉伸者缓慢将被拉伸者的肘关节同时向后拉，持续30 s以上。

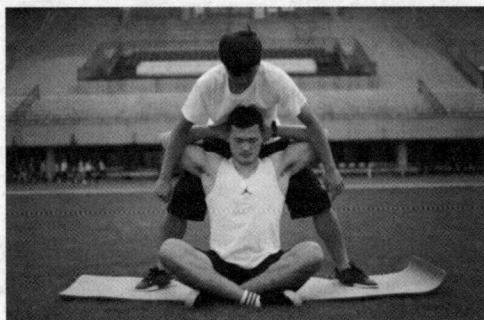

图5-39 被动静态拉伸—胸大肌

18. 被动静态拉伸，肱二头肌

动作功能

● 牵拉目标肌肉，肱二头肌

动作要点

● 被拉伸者上身挺直坐于垫上，全身放松，手掌朝下，直臂后抬（图5-40）；
● 拉伸者站于被拉伸者正后方，双手分别扶于被拉伸者手掌；
● 拉伸者缓慢将被拉伸者的手臂同时上抬，持续30 s以上。

19. 被动静态拉伸—背阔肌

动作功能

● 牵拉目标肌肉，背阔肌

动作要点

● 被拉伸者上身挺直坐于垫子上，全身放松，右手屈肘于脑后（图5-41）；
● 拉伸者跪于被拉伸者后方，右手扶于被拉伸者肘关节，左手扶于被拉伸者右手；
● 拉伸者用右手缓慢将被拉伸者的肘关节向身体左下方推，持续30 s以上；
● 被拉伸者配合进行深呼吸放松，拉伸者完成一侧后，再进行另外一侧的拉伸。

图 5－40　被动静态拉伸—肱二头肌

图 5－41　被动静态拉伸—背阔肌

20. 被动静态拉伸—肱三头肌

动作功能

- 牵拉目标肌肉，肱三头肌。

动作要点

- 被拉伸者上身挺直坐于垫子上，全身放松，右手屈肘于脑后（图 5－42）；
- 拉伸者跪于被拉伸者后方，固定被拉伸者身体使其挺直，左手扶于被拉伸者肘关节，右手扶于被拉伸者肩关节；
- 拉伸者用左手缓慢将被拉伸者的肩关节向身体后下方推，持续 30 s 以上；
- 被拉伸者配合进行深呼吸放松，拉伸者完成一侧后，再进行另外一侧的拉伸。

21. 被动静态拉伸—肩部后侧肌群

动作功能

- 牵拉目标肌肉，肩部后侧肌群。

动作要点

- 被拉伸者上身挺直坐于垫子上，全身放松，左手屈肘于胸前，扶于右肩（图 5－43）；
- 拉伸者单腿跪于被拉伸者后方，右手扶于被拉伸者左手，左手扶于被拉伸者左肩；
- 拉伸者用右手缓慢将被拉伸者的左手向后拉，保持被拉伸者身体不动，持续 30 s 以上；
- 被拉伸者配合进行深呼吸放松，拉伸者完成一侧后，再进行另外一侧的拉伸。

图 5 - 42 被动静态拉伸—肱三头肌

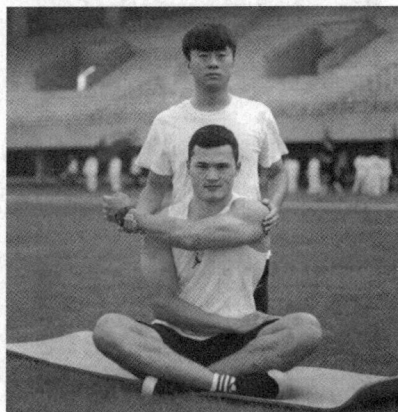

图 5 - 43 被动静态拉伸—肩部后侧肌群

22. 被动静态拉伸—肩袖的内旋肌群

动作功能

- 牵拉目标肌肉，肩袖的内旋肌群。

动作要点

- 被拉伸者上身挺直坐于垫子上，全身放松，右手屈肘，大臂与肩关节平行，放于拉伸者右腿上(图 5 - 44)；
- 拉伸者单腿跪于被拉伸者后方，左手固定被拉伸者的左肩，右手扶于被拉伸者的右手腕；
- 拉伸者用右手缓慢将被拉伸者的右手往后拉，持续30 s 以上；
- 被拉伸者配合进行深呼吸放松，拉伸者完成一侧后，再进行另外一侧的拉伸。

图 5 - 44 被动静态拉伸—肩袖的内旋肌群

23. 被动静态拉伸—肩袖的外旋肌群

动作功能

● 牵拉目标肌肉，肩袖的外旋肌群。

动作要点

● 被拉伸者上身挺直坐于垫子上，全身放松，两手屈肘背于腰方肌（图5-45）；
● 拉伸者跪于被拉伸者后方，双手分别扶于被拉伸者的肘关节；
● 拉伸者双手缓慢将被拉伸者的肘关节同时内压，持续30 s以上。

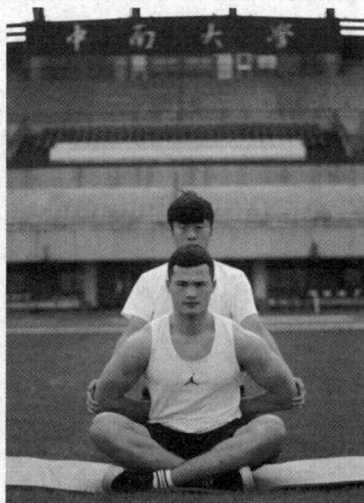

图5-45 被动静态拉伸—肩袖的外旋肌群

24. 被动静态拉伸—斜方肌

动作功能

● 牵拉目标肌肉，斜方肌。

动作要点

● 被拉伸者上身挺直坐于垫子上，全身放松，头部侧倾（图5-46）；
● 拉伸者跪于被拉伸者后方，双手手掌向下，放于被拉伸者的颈部和肩关节处；
● 拉伸者两手臂缓慢平行外压，持续30 s以上；
● 被拉伸者配合进行深呼吸放松，拉伸者完成一侧后，再进行另外一侧的拉伸。

图 5-46 被动静态拉伸—斜方肌

25. 被动静态拉伸，头夹肌和斜角肌

动作功能
- 牵拉目标肌肉，头夹肌和斜角肌

动作要点
- 被拉伸者上身弓背坐于垫子上，全身放松，头部向左下方低头（图 5-47）；
- 拉伸者跪于被拉伸者后方，右手扶于被拉伸者头部，左手固定被拉伸者肩部，使其不能前倾；
- 拉伸者右手缓慢将被拉伸者的头部下压，持续 30 s 以上；
- 被拉伸者配合进行深呼吸放松，拉伸者完成一侧后，再进行另外一侧的拉伸。

图 5-47 被动静态拉伸—头夹肌和斜角肌

26. 被动静态拉伸—胸锁乳突肌

动作功能
- 牵拉目标肌肉，胸锁乳突肌。

动作要点
- 被拉伸者上身挺直坐于垫子上，头部右旋，全身放松（图 5-48）；
- 拉伸者跪于被拉伸者后方，右手扶于被拉伸者左下颌，左手固定被拉伸者肩部，使其不能前倾；
- 拉伸者用右手缓慢将被拉伸者的左下颌后拉，持续 30 s 以上；
- 被拉伸者配合进行深呼吸放松，拉伸者完成一侧后，再进行另外一侧的拉伸。

图 5-48　被动静态拉伸—胸锁乳突肌

（三）动态拉伸

1. 动态拉伸—90/90°牵拉—手臂摆动

动作功能
- 增加胸椎活动度，拉伸胸大肌。

动作要点
- 呈左侧卧姿，髋关节伸直（或屈髋成90°夹角），双腿屈膝成90°夹角，双臂伸直与躯干成90°夹角，双手合掌（图5-49）；
- 保持下肢及髋关节稳定，右臂绕过头部向身体后方展开，头向后转动，直至右臂与左臂成一条直线，躯干前部有中等程度的牵拉感；
- 保持2 s后回到起始姿势，重复动作至规定次数，对侧亦然。

图 5 - 49　动态拉伸—90/90°牵拉—手臂摆动

2. 动态拉伸—90/90°牵拉—屈肘

动作功能

● 增加胸椎活动度。

动作要点

● 呈左侧卧姿，左腿伸直，右侧屈髋屈膝成 90°夹角，右腿膝关节置于泡沫轴上，左手伸直与躯干呈一条直线，右臂屈肘置于骶骨位置（图 5 - 50）；

● 保持下肢及髋关节稳定，缓慢地向身体后方转动右肩，头向后转动，直至躯干前部有中等程度的牵拉感；

● 保持 2 s 后回到起始姿势，重复动作至规定次数，对侧亦然。

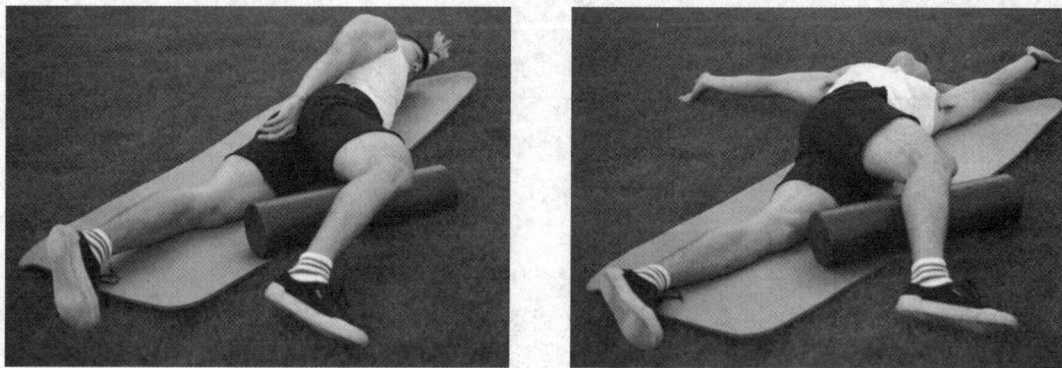

图 5 - 50　动态拉伸—90/90°牵拉—屈肘

3. 动态拉伸—90/90°牵拉—肩内收

动作功能

• 增加胸椎活动度。

动作要点

• 呈左侧卧姿，左侧髋关节伸直，（或左腿屈膝成90°夹角），右侧屈髋屈膝成90°夹角，右腿膝关节置于泡沫轴上，右臂伸直垂直于地面，左臂伸直贴紧地面与躯干成90°夹角（图5-51）；

• 保持下肢及髋关节稳定，同时右臂保持不动，左臂缓慢地向右臂抬起，头向后转动，直至躯干前部有中等程度的牵拉感；

• 保持2 s后回到起始姿势，重复动作至规定次数，对侧亦然。

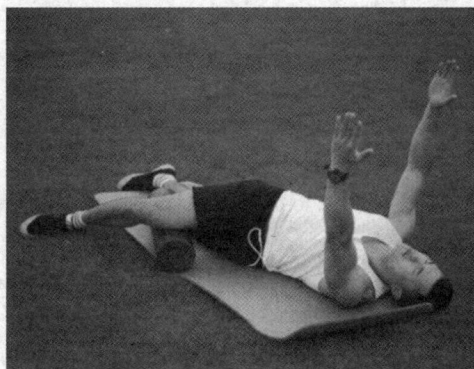

图5-51 动态拉伸—90/90°牵拉—肩内收

4. 动态拉伸—站姿胸椎旋转

动作功能

• 增加胸椎灵活度。

动作要点

• 呈站姿，微屈膝，身体前倾，重心在两腿之间，背部保持平直，双手交叉放于头后（图5-52）；

• 保持下肢及髋关节稳定，胸椎以上部分向一侧旋转，直至躯干前部有中等程度的牵拉感；

• 保持2 s后回到起始姿势，重复动作至规定次数，对侧亦然。

图 5 - 52　动态拉伸—站姿胸椎旋转

5. 动态拉伸—跪撑胸椎旋转

动作功能
● 增加胸椎灵活度。

动作要点
● 呈俯身跪姿，右手伸直撑地，左手放于头后，背部保持平直(图 5 - 53)；
● 保持下肢及髋关节稳定，以胸椎为轴，躯干及头部向下旋转，直至左肘碰到右臂；
● 躯干及头部向上旋转，目视上方，直至躯干前部有中等程度的牵拉感；
● 保持 2 s 后回到起始姿势，重复动作至规定次数，对侧亦然。

图 5 - 53　动态拉伸—跪撑胸椎旋转

6. 动态拉伸—脚后跟坐姿—胸椎灵活度牵拉

动作功能

● 增加胸椎灵活度。

动作要点

● 呈俯身跪姿，坐于大腿上，右臂伸直置于泡沫轴上，左手自然放在头后，背部保持平直，目视地面(图5-54)；

● 保持下肢及髋关节稳定，以胸椎为轴，躯干及头部向上旋转，目视上方，直至躯干前部有中等程度的牵拉感；

● 保持2 s后回到起始姿势，重复动作至规定次数，对侧亦然。

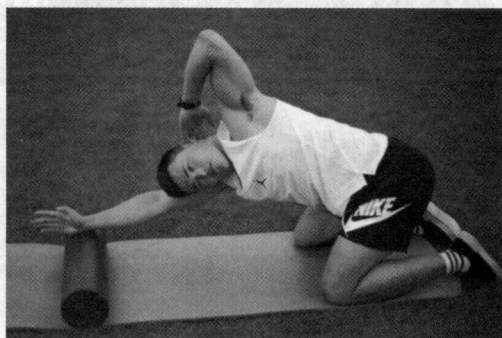

图5-54 动态拉伸—脚后跟坐姿—胸椎灵活度牵拉

7. 动态拉伸—单腿伸直—跪撑胸椎旋转

动作功能

● 增加胸椎灵活度。

动作要点

● 呈俯身单膝跪姿，右腿伸直抬起，左膝跪地，右手伸直撑地，左手放在头后，背部保持平直(图5-55)；

● 保持下肢及髋关节稳定，以胸椎为轴，躯干及头部向下旋转，直至左肘碰到右臂；

● 躯干及头部向上旋转，目视上方，直至躯干前部有中等程度的牵拉感；

● 保持2 s后回到起始姿势，重复动作至规定次数，对侧亦然。

图 5 – 55　动态拉伸—单腿伸直—跪撑胸椎旋转

8. 动态拉伸—伸直、滚动、抬起—后脚跟坐姿(泡沫轴)

动作功能
- 拉伸背阔肌,增加脊柱伸展性。

动作要点
- 呈俯身跪姿,坐于大腿上,双臂屈曲,将前臂置于泡沫轴上(图 5 – 56) ;
- 双臂滚动泡沫轴向前伸展,使双臂与背部呈一条直线,直至上背部有中等程度的牵拉感;
- 保持 2 s 后回到起始姿势,重复动作至规定次数。

图 5 – 56　动态拉伸—伸直、滚动、抬起—后脚跟坐姿(泡沫轴)

9. 动态拉伸—跪撑胸椎伸展

动作功能

- 增加脊柱伸展性。

动作要点

- 呈俯身跪姿，双手伸直撑地，与肩同宽，两脚脚尖撑地(图 5 - 57)；
- 收腹吸气同时收缩臀部，将腰背部尽可能地向上方顶起；
- 呼气的过程中，放松腹部，腰背部恢复到正常的生理弯曲；
- 保持 2 s 后回到起始姿势，重复动作至规定次数。

图 5 - 57　动态拉伸—跪撑胸椎伸展

10. 动态拉伸—侧卧肩关节拉伸

动作功能

- 拉伸肩内旋肌群。

动作要点

- 呈左侧卧姿，左上臂紧贴地面与躯干成 90° 夹角，左侧肘关节成 90° 夹角，保持左前臂与地面垂直(图 5 - 58)；
- 右手握住左手腕关节，缓慢地将左前臂下压，直至肩内旋肌群有中等程度的牵拉感；
- 保持 2 s 后回到起始姿势，重复动作至规定次数，对侧亦然。

图 5 - 58　动态拉伸—侧卧肩关节拉伸

11. 动态拉伸—仰卧髋外展

动作功能

● 拉伸腹股沟和大腿内侧肌群。

动作要点

● 呈仰卧姿，躯干及头部紧贴地面，双腿屈髋屈膝，脚后跟撑地，双手外展与身体成45°夹角，自然放于地面（图 5 – 59）；

● 髋关节外展，使两侧膝关节尽可能贴近地面，直至腹股沟有中等程度的牵拉感；

● 保持 2 s 后回到起始姿势，重复动作至规定次数。

图 5 – 59　动态拉伸—仰卧髋外展

12. 动态拉伸—侧卧—股四头肌/屈髋肌群拉伸

动作功能

● 拉伸股四头肌以及屈髋肌群。

动作要点

● 呈左侧卧姿，头枕于左臂之上，右腿屈髋屈膝抬离地面，右手扶于膝关节（图 5 – 60）；

● 右手握住踝关节将右大腿向后拉，直至股四头肌有中等程度的牵拉感；

● 保持 2 s 后回到起始姿势，重复动作至规定次数，对侧亦然。

图 5 – 60　动态拉伸—侧卧—股四头肌/屈髋肌群拉伸

13. 动态拉伸—半跪姿—背屈拉伸

动作功能

- 拉伸股四头肌及屈髋肌群。

动作要点

- 呈前后分腿跪姿，右腿在前，左腿在后，左手握住左腿踝关节，右手伸直上举(图 5 –61)；
- 背部挺直，左手尽量将左踝拉向臀部，身体逐渐前移，直至屈髋肌群有中等程度的牵拉感；
- 保持 2 s 后回到起始姿势，重复动作至规定次数，对侧亦然。

图 5 –61　动态拉伸—半跪姿—背屈拉伸

14. 动态撇下拉伸—仰卧屈膝—腘绳肌拉伸

动作功能

- 拉伸腘绳肌。

动作要点

- 呈仰卧姿，右腿自然放于地面，左腿屈髋屈膝成90°夹角，双手扶于膝关节(图 5 –62)；
- 双手抱于左腿后侧，保持左踝背屈的同时主动伸直左腿膝关节，直至腘绳肌有中等程度的牵拉感；
- 保持 2 s 后回到起始姿势，重复动作至规定次数，对侧亦然。

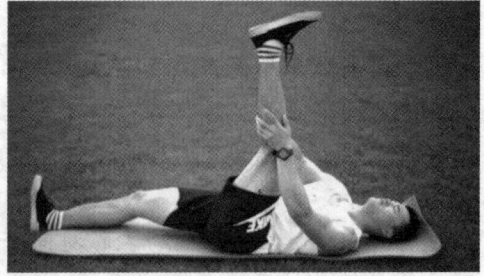

图 5 - 62　动态拉伸—仰卧屈膝—腘绳肌拉伸

15. 动态拉伸—直腿—小腿拉伸

动作功能

● 拉伸腓肠肌。

动作要点

● 呈俯首撑姿，双手伸直撑于地面，右腿伸直，脚尖撑地，左腿屈膝，左脚搭于右侧小腿上(图 5 - 63)；
● 右腿始终保持伸直状态，右侧脚后跟缓慢着地，直至腓肠肌有中等程度牵拉感；
● 保持 2 s 后回到起始姿势，重复动作至规定次数，对侧亦然。

图 5 - 63　动态拉伸—直腿—小腿拉伸

16. 动态拉伸—屈膝—小腿拉伸

动作功能

● 拉伸比目鱼肌。

动作要点

● 呈俯首撑姿，双手伸直撑于地面，左腿伸直，左侧脚掌紧贴地面，右腿屈膝，右脚搭于左侧小腿上(图5-64)；
● 左脚前掌始终保持紧贴地面，左腿缓慢地屈膝，直至比目鱼肌有中等程度牵拉感；
● 保持2 s后回到起始姿势，重复动作至规定次数，对侧亦然。

图5-64 动态拉伸—屈膝—小腿拉伸

第六章

训练分期与计划制订

一、训练分期的原则

在以往的体能训练中，只重视体能训练方法与手段的应用，却忽视了体能训练周期的科学合理的安排，导致训练计划在多年的实际训练中，无论是负荷强度还是训练量都始终没有发生改变。因此，将训练过程进行合理的规划是未来体能科学训练的一个重要的发展方向。

与训练计划的制订和整合密切相关的一个重要概念就是"训练分期"，虽然训练分期被认为是训练过程的一项基本内容，但往往被误解或误用。在体能训练中，很少有人会注意一份力量训练计划是如何受其他训练因素影响或训练因素如何相互整合，这些因素包括速度与灵敏、耐力、超等长等。实际上，训练分期是对负荷框架以及时间安排等方面进行的构想，影响体能训练的适应性及大学生的训练表现。

一份好的训练分期与训练计划应包括以下几个目标：

第一，在预定的时间点上，让大学生达到最好的训练效果并在特定时期内保持好这样的训练状态；

第二，构建科学合理的训练干预，发展体能训练指标；

第三，合理安排训练负荷，避免过度训练导致大学生受伤；

第四，促进大学生的长期发展。

综上所述，科学的体能训练应根据不同训练期所制订的目标，明确小周期、中周期、年度周期训练计划的训练量、训练重点和训练任务。

设计正确的分期训练计划，能够提供一个井然有序的训练框架，以一种分阶段的方式在各种层面对训练任务、训练内容和训练量加以改变，确保在预先确定的时间点上产生特定的生理反应，提高训练效果。训练分期有以下两种原则需要遵循。

(一)全身适应综合征

全身适应综合征是训练分期的基础性理论之一，主要描述人体对压力的特定反应，包括身体反应和心理反应。在体能训练中，大学生在接受训练以后，经常会出现疲劳积累、伤痛、肌肉僵硬和能量储存下降等问题，导致运动能力下降，这一阶段称为"警觉期"，也是最初反应。

如果训练刺激源强度适中或规划合理,那么在"抗拒期"内就会出现适应性反应。大学生的身体状态会恢复到基准水平或提高一些,这一现象称为"超量恢复"。如果训练负荷过大,大学生无法适应这一训练负荷使身体机能状态下降,出现训练过度的情况,甚至造成伤病。以上这些现象都是全身适应的结果。

(二)刺激—疲劳—恢复—适应

在体能训练中,无论什么时候施加训练刺激,都会产生一种综合反应,这被称之为"刺激—疲劳—恢复—适应"。对某一训练负荷最初的反应是疲劳积累,会同时导致身体应激状态与训练状态下降。疲劳的累积量、应激状态和训练状态与所承受训练量的大小和时间长短成正比,随着疲劳的消退和恢复过程的开始,应激状态和训练状态都会提升。但是如果在恢复和适应完成之后没有接受新的训练刺激,那么应激状态和运动表现最终还会持续下降。

训练刺激所产生的一般性反应可能是一次练习、一堂训练课、一个训练日、小周期、中周期或大周期的结果。需要注意的是,不一定要等到完全恢复之后再施加下次训练刺激,事实上,通过采用大负荷或小负荷训练日来调整训练强度或训练量,可不断提高体能,又有利于机体的恢复。

通过对各种训练变量进行调整,一份科学合理的分期训练计划能够帮助大学生对疲劳积累进行有效管理,产生预想的训练反应。如果对训练负荷进行随意安排或不恰当的排序,往往会导致疲劳或恢复不好,影响体能训练的效果与质量。

二、训练周期的划分

在设计一份训练计划时,必须考虑几种不同水平但相互关联的训练计划,每一种训练水平的训练计划的制订都要以运动员的训练目标为依据。一旦设定好了训练目标和竞技目标,就要对训练计划进行系统的组织和排序,以便大学生能够朝着该训练计划所制订的训练目标和竞技目标迈进。训练计划可以划分为以下几种:多年训练计划、年度训练计划、大周期训练计划、中周期训练计划、小周期训练计划、训练日计划以及训练课计划(表6-1)。

表6-1 训练期划分

训练期	持续时间	描述
多年训练计划	2~4 年	包括多个年度训练计划
年度训练计划	1 年	包括一个或多个大周期训练计划
大周期训练计划	几个月到1年	包括2个以上的中周期训练计划
中周期训练计划	2~6 周	包括2个以上的小周期训练计划
小周期训练计划	几天到2周	包括2个以上的训练日计划
训练日计划	1 天	包括2个以上的训练课计划
训练课计划	几个小时	包括1个以上的训练单元

（一）多年训练计划

多年训练计划由一系列年度训练计划构成，这些年度训练计划彼此联系密切，共同将大学生的训练引向具体的训练目标。例如，四年训练计划可以作为大学生本科学习阶段的训练计划。

总体而言，多年训练计划包括了基础性训练任务、主要目标以及年度训练计划，多年训练计划目标的制订和实现，是通过实现具体年度、周期、训练课的训练目标综合而成的。如果多年训练计划所包括的年度训练计划组织得当、排序合理，那么在相应的时间点上，大学生可以产生最佳的训练效果。

（二）年度训练计划

年度训练计划通常是描述某一具体年度训练中的总体训练结构，主要取决于大学生的发展状态、训练目标以及训练科目的考核日程。在传统的训练中，有时年度训练计划就只由一个大周期训练计划构成，而对于院校而言，一般可以分为 2 个大周期，分别是春季学期与秋季学期，便于满足不同教学目标与考核目标的要求。

无论年度训练计划的大周期数量有多少，其基本负荷都是从更大的训练量向考核项目的更高训练强度发展。随着训练负荷的改变，训练重点也会发生相应的变化。一般在实际的体能训练中，如果有相应的竞赛，就可以将年度训练计划分为准备期、比赛期与过渡期。

（三）大周期训练计划

传统意义上，大周期训练计划常被理解成为一个季度的训练计划或是年度训练计划，但是对于院校而言，通常会分为两个学期，那么就需要两个大周期来指导体能训练的教学工作。理论上讲，大周期训练计划应当被认为是一份针对体能训练和比赛的训练计划，且比赛目标应与年度计划所规定的总体目标相吻合，这些目标可以通过中周期与小周期训练计划进行调控。

大周期训练计划同样也包括准备期、比赛期与过渡期，总体结构与年度计划相似。每个大周期的进展模式也是从低强度大训练量向高强度、小训练量推进，最后通过测试或比赛来考核大学生的训练效果。每个大周期最后应与过渡期紧密衔接，当然对于高校来说，可以将寒暑假作为过渡期。

（四）中周期训练计划

中周期训练计划通常包括 2~6 个相互关联的小周期训练计划，当然有时可以由多个训练单元或多个小周期训练计划组合而成。一般情况下，持续 4 周的训练是比较科学合理的，因为通过 4 周的训练，机体对训练刺激的适应性反应开始下降，如果继续下去，那么可能无法达到前 4 周渐进式的训练效果。

无法达到前 4 周的训练效果可能与退步状态有关，因此从 4 周左右开始，改变训练刺激，无论是改变方式方法，还是改变训练环境，在一定程度上都可以避免上述情况的发生，使训练朝着既定的目标迈进。

(五)小周期训练计划

小周期训练计划包括非常具体的训练目标,时长通常由总体训练计划的阶段决定,持续时间为几天到两周不等。准备期所包含的小周期通常需要 7 天,而比赛期的小周期根据实际的比赛日程或考核日程而定。

一般准备期和专项准备期是小周期训练的两个主要类别。通常前者在小周期的前期,主要用来发展综合适应,后者是根据专项适应来准备。在运动训练学中,还可进一步将小周期细分为常规小周期、冲击小周期、赛前小周期、比赛小周期以及恢复小周期。

(六)训练日计划

训练日是分期训练计划中最小的训练单位,通常一个训练日计划包括两个以上相互衔接的训练课程。体能训练项目是根据小周期训练计划所指定的目标来进行构建的。一个训练日中的训练课程密度应根据大学生的发展水平、为体能训练所安排的时间以及相应的训练阶段而进行设计。已有研究表明,一天两节训练课程可以产生更大的神经肌肉适应和增殖性适应,即便是训练量保持不变,通过改变一个训练日当中的训练密度,就可以使训练计划更加丰富。

(七)训练课计划

训练课程或练习项目是分期训练计划中最基本的结构单位。体能训练课程的设计应考虑多种训练因素,运用不同的训练方法与手段达到训练课的基本目的。

三、制订训练计划的基本步骤

总体来说,训练分期是一个可以用来组织大学生训练的规划方案。无论是何种水平的训练计划,在制订时都应遵循以下 7 个基本步骤(表 6 - 2)。

表 6 - 2 制订训练计划的基本步骤

步骤	目标
一	确定训练的长期目标,以便制订一份多年训练计划 勾勒出多年训练计划的基本结构
二	确定年度训练计划所针对的各个训练目标的先后顺序 评估前一年度的训练计划,包括考核结果 根据大学生的考核目标与要求确定下一年度训练计划的组织结构 确定该年度计划包括的大周期的数量 确定该年度训练计划的结构框架确定大周期的持续时间
三	根据大学生的考核日程将该年度训练计划分为准备期、比赛期与过渡期 将准备期划分为一般准备期和专项准备期 在该年度训练计划的比赛期内确定赛前阶段和主要比赛阶段 将考核日程穿插到年度训练计划关键的时间节点

续表 6 – 2

步骤	目标
四	确定单个中周期的持续时间 选择中周期的组织结构并进行排序，从而编排成年度训练计划 为每个中周期的各个训练因素重点划分先后顺序，同时考虑年度训练计划的每个训练阶段因素并进行排序 确定每个中周期的负荷安排模式，并确定如何在年度计划各个大周期中逐步加大负荷
五	建立各个小周期 根据大学生的发展方向和总体目标，将小周期划分为多个训练日和恢复日 确定每个训练日需要训练的素质以及每个训练日包含训练课的数量 确定各个小周期所采用的负荷结构
六	设计单个训练课程 确定训练课的负荷结构 选择训练计划的各项训练活动
七	实施该项训练计划 不断监测并评估训练计划及其实施过程

四、训练计划的实施

(一)热身训练

与传统的热身方案不同，包含臀部激活、动态牵拉、动作技能整合以及神经激活的热身训练可以显著提高大学生的动作技能水平，还可以使身体为训练和比赛过程中可能出现的激烈与随意运动做好准备，此外还可以提高大学生在完成动作技能方面的自信心。

制订热身训练计划的基本原则就是要让热身过程中参与肌群的动作模式与接下来的其他素质训练或比赛过程中的动作模式相似或一致。正常情况下，设计热身训练计划一般需要8~12个不同的练习，设计原则也是从简单动作过渡到难度大的动作。精心设计的热身训练计划不仅可以提高大学生发挥功能水平，而且对于持续的体能训练计划具有时效性作用。

以一份热身训练计划为例，如表 6 – 3 所示。

表 6 – 3 热身训练计划示例

序号	动作名称	负荷
1	迷你带—深蹲	8 次
2	迷你带—运动姿纵向走	10 米
3	最伟大拉伸	每边 3 次
4	抱膝前进	每边 5 次

续表 6 - 3

序号	动作名称	负荷
5	燕式平衡	每边 5 次
6	后交叉步弓步	每边 5 次
7	四肢走	3 次
8	双腿基本姿—跳蹲	5 次
9	直腿军步走	10 m
10	快速反应—双腿前后跳	10 s
11	快速反应—2 英寸碎步跑	10 s

(二)力量训练

有效的力量训练计划应根据大学生的需求或考核目标需求制订,当然,个性化的训练计划是最为有效的,因为它的设计是以目标为导向的,因此在设计力量训练计划前应考虑以下几个问题。

①是否存在可能影响训练内容或强度的健康问题或伤病?

②哪些训练器材可以满足训练计划?

③训练的频率是多少?

④是否存在影响训练时长的时间限制问题?

⑤训练由哪些动作构成?

⑥是否需要融入供能系统的力量训练?

⑦需要哪些类型的肌肉收缩形式?

⑧如何针对训练最常见的受伤部位进行有针对性的训练?

充分考虑以上要素,可以为力量训练计划的设计指明方向。一份力量训练计划应包含以下要素。

第一,动作练习的选择。力量训练计划所选择的动作练习对提高大学生训练水平以及生理适应能力起非常关键的作用,可以通过肌肉收缩类型、关节活动类型以及运动链形式来选择动作练习,还需考虑场地、器材以及单双侧练习等因素。

第二,练习的顺序和训练单元的结构。一般情况下,练习顺序应遵循大肌肉群训练先于小肌肉群训练,多关节训练先于单关节训练,爆发力训练先于基础力量训练,高强度训练先于低强度训练,上肢下肢交替进行等原则。

训练单元的结构应根据训练计划的目标、时间与频率以及教练偏好进行选择。一般情况下,爆发力板块优先于主要力量训练板块、次要力量训练板块、躯干力量训练板块以及辅助力量训练板块。

第三,训练强度。训练强度主要是指力量训练过程中所承受的负荷重量,因此在力量训练计划的设计中,训练强度的设计还需考虑练习顺序、训练量、训练频次、重复速度与间歇时间等因素。不同的训练强度对应不同的训练负荷安排以及间歇时间的把握,这些都是设计力量训练计划需要考虑的。训练强度通常用 RM 来表示。

第四，训练量。训练量是在一个训练单元所做的组数与重复次数之和，可以通过改变每个训练单元的练习数量、每组完成的重复次数以及每项练习所做的组数，对训练量加以控制。一般情况下，训练量与训练强度成反比关系，每项练习的组数与每个训练单元的练习数量也成反比关系。

第五，间歇时间。间歇时间的长短取决于训练强度、训练目标、体能水平以及所针对的供能系统的情况。组与组之间以及各项练习之间的休息时间会影响大学生对急性刺激所产生的生理与心理反应。

第六，动作速度。动作速度影响大学生对训练所产生的神经、肌肉肥大和代谢反应，这在很大程度上取决于负荷和疲劳程度，一般分为有意识与无意识的肌肉收缩速度形式。

第七，训练频次。在制订力量训练计划中，需考虑训练频次，这主要指每周进行力量训练的次数，取决于大学生的身体情况、训练量、训练强度、体能水平、训练状态、恢复速度、训练表现以及练习动作的选择等。

以一份力量训练计划为例，如表 6-4 所示。

表 6-4 力量训练计划示例

训练板块	周一、周四 双侧练习—1 小时		周二、周五 单侧练习—1.5 小时	
	动作名称	负荷	动作名称	负荷
爆发力	杠铃高拉	3RM×3 组	哑铃单臂抓举	每边 6RM×3 组
	杠铃挺举	3RM×3 组	壶铃单臂摇摆	每边 6RM×3 组
主要力量	引体向上	6 次×4 组	哑铃单臂卧推	每边 8RM×4 组
	杠铃深蹲	6RM×4 组	哑铃罗马尼亚硬拉	每边 8RM×4 组
次要力量	俯卧撑	12×3 组	壶铃单臂上拉	每边 8 次×3 组
	瑞士球勾腿	8×3 组	哑铃分腿蹲	每边 8 次×3 组
躯干力量	悬吊带-俯撑屈髋	12 次×2 组	悬吊带躯干旋转	每边 8 次×2 组
	背肌起	12 次×2 组	半跪姿下砍	每边 8 次×2 组
辅助力量	杠铃肱二头肌举	10 次×2 组	土耳其起	每边 3 次×2 组
	绳索肱三头肌下压	10 次×2 组	负重提踵	每边 8 次×2 组

间歇时间：爆发力板块两组练习间歇 3 min，其他训练板块两组练习间歇 1 min。
动作速度：次要力量板块按向心：离心 = 1:3 比例，其他为正常速度

注："RM"是英文"repetition maximum"的缩写，中文译义为"最大重复次数""最大重复次数的重量"或"一定重复次数的最大重量"。在力量训练中，"RM"被约定俗成地规定为能够重复试举一定次数的负荷重量，如"6~12RM"所表达的就是"最多能重复或连续试举 6~12 次的重量"。如用 100 kg 进行卧推练习，当竭尽全力最多只能连续推举 5 次时，那么 100 kg 就是该动作 5RM 的重量。

（三）速度训练

教练在设计速度训练计划之前应考虑速度练习的目标并采取合理正确的动作手段，同时应该在大学生充分休息好或在其他训练之前进行练习。速度训练计划的设计同样应该考虑场地以及鞋子等因素，确保场地表面没有造成损伤的危险因素，以及鞋要适合训练。

以一份速度训练计划为例，如表6-5所示。

表6-5　速度训练计划示例

动作名称	组数	距离或时间
手臂摆动练习	2~4	10 s
起跑练习	2	3步或5 m
	2	5步或10 m
	2	7步或15 m
	2	11步
下坡跑练习	4~6	30 m

（四）耐力训练

与力量训练计划相同，对于耐力训练计划的设计也需要考虑训练周期，这样可以帮助大学生在一年中的恰当时间达到最佳的训练状态。在设计耐力训练计划时，一定要考虑训练阶段、训练强度、持续时间、训练量等相关要素。针对不同的训练目标，可能需要采用长距离慢速跑、乳酸阈门槛跑、间歇跑、重复跑等方法。

以一份耐力训练计划为例，如表6-6所示。

表6-6　耐力训练计划示例

日期	主要任务	训练安排
第一天	长距离配速跑	热身：动作准备，20 min + 放松跑，5 min 训练：长距离配速跑，90 min，80%~90%最大心率 放松：恢复再生，20 min
第二天	放松跑	热身：动作准备，10 min 训练：放松跑，逐渐加速，5~8 km，65%~79%最大心率 放松：恢复再生，20 min
第三天	速度稳态跑	热身：动作准备，20 min 训练：速度稳态跑，40~60 min，88%~92%最大心率，恢复性慢跑10 min 放松：恢复再生，20 min

续表 6 – 6

日期	主要任务	训练安排
第四天	恢复	恢复性慢跑或快走，3～5min，59%～70%最大心率 也可以选择瑜伽等恢复性运动
第五天	巡航间歇跑	巡航间歇跑： 热身：软组织放松、脊柱力量、动作准备，30 min 训练：巡航间歇跑，15 min×3～4 组，88～92%最大心率，组间 3 min 慢跑休息，70 min 放松：恢复再生，20 min
第六天	长距离慢跑	热身：动作准备，20 min 训练：长距离慢跑，20～25 km，75%～85%最大心率 放松：恢复再生，20 min

注：最大心率最简单的计算公式为：220 – 实际年龄 = 个人的最大心率

（五）灵敏与平衡训练

在设计灵敏训练计划时，无论训练计划的目的是一般灵敏还是专项灵敏，必须考虑练习手段、顺序、频次、强度、训练量以及休息时间等相关要素。很多考核项目中会频繁使用变向动作，因此对大学生的要求很高。灵敏素质主要包括身体运动方向和速度的快速改变，因此通过精心设计的训练计划，可以有效提高大学生的灵敏素质。

以一份灵敏训练计划为例，如表 6 – 7 所示。

表 6 – 7　灵敏训练计划示例

动作名称	每周训练频次	强度	负荷量	间歇时间
20 m 往返跑	2～3	最大	2 组×6 次	2～3 min
20 m 转弯直角跑	2～3	最大	3 组×5 次	2～3 min
八字形跳	2～3	最大	2 组×6 次	1 min
绳梯跳	2～3	最大	2 组×5 次	1 min

平衡训练计划的制订，应根据大学生的目标来提供具体的指导，包括损伤预防、康复以及训练水平的提高。一份好的平衡训练计划应当至少持续 4 周时间，如果为了保持已获得的神经肌肉功能，那么每周至少进行 3 次训练，每组至少重复 4 次练习，每个练习至少持续30 s。当然，同样应考虑大学生的疲劳程度、身体准备状况、练习的复杂程度和强度以及以往的经验。

以一份平衡训练计划为例，如表 6 – 8 所示。

表 6 – 8　平衡训练计划示例

动作名称	负荷量
平衡垫—单腿平衡练习	每边 1 min × 2 组
BOSU 球下蹲	12 次 × 2 组
平衡点—分腿蹲	每边 8 次 × 2 组

第七章

运动伤病预防

一、运动伤病分类

(一)按照临床医学进行分类

按照临床医学对运动伤病进行分类,可分为许多种,如肌肉拉伤、肌肉断裂、韧带挫伤、韧带拉伤、四肢骨折、颅骨骨折、胸骨骨折、脊椎骨折、关节脱臼、脑震荡、内脏破裂、溺水等。

(二)按照受伤处的组织名称分类

按照受伤处的组织名称对运动伤病进行分类,主要包括皮肤损伤、肌肉损伤、肌腱损伤、骨骼损伤、神经损伤以及各种内脏器官损伤等。

(三)按照损伤以后皮肤和黏膜是否完整分类

按照损伤以后,皮肤和黏膜是否完整,可以将运动损伤分为开放性损伤和闭合性损伤两种。开放性损伤指的是身体的皮肤或者黏膜被破坏,出现外伤伤口,如擦伤、刺伤、切伤及撕裂伤等,容易受到细菌感染;闭合性损伤指的是身体上没有外伤伤口,是身体内部的组织或者器官受伤,如挫伤、肌肉拉伤及关节韧带损伤等。

(四)按照运动损伤的轻重程度分类

按照运动损伤的轻重程度,可以将运动损伤分为轻度伤、中度伤和重度伤三种。轻度伤指的是虽然受伤,但是不影响正常的工作、生活以及继续进行体育锻炼;中度伤指的是受伤部位及周围部位不能正常活动,伤者需要尽量减少患处的活动,或24小时以上不能工作或训练;重度伤指的受伤程度比较严重,受伤者需要卧床休息和接受治疗。

(五)按照运动损伤的病程分类

按照运动损伤的病程进行分类,运动损伤可以分为急性损伤、亚急性损伤和慢性损伤三种。急性损伤指一瞬间遭到直接暴力或间接暴力造成的损伤,如肌肉拉伤、关节韧带扭伤等，人体受伤以后会马上出现症状，如患部红肿等；亚急性损伤指的是在受伤 6 个小时以后才出现相关症状；慢性损伤指的是由微小的损伤长期积累形成的损伤，或者是急性损伤没有很好地治疗或者治疗不彻底形成的陈旧性损伤，如肩袖损伤，髌骨软骨软化症等，经常受伤而又没有得到有效治疗的大学生最容易出现这种情况。

在实际训练中，学生的运动损伤出现概率较高的是膝关节伤，腰椎损伤，踝关节伤以及颈椎损伤。

二、身体姿态评估及矫正

功能性动作筛查(functional movement screen，FMS)是 20 世纪 90 年代美国矫形专家 Gray Cook 和训练专家 Lee Burton 等人设计的一个基于基本动作模式的预测运动风险的筛查系统。该系统由深蹲(图 7 - 1 - A)、过栏架(图 7 - 1 - B)、前后分腿蹲(图 7 - 1 - C)、肩部灵活性测试(图 7 - 1 - D)、直膝抬腿(图 7 - 1 - E)、躯干稳定性测试(图 7 - 1 - F)及转动稳定性测试(图 7 - 1 - G)等 7 个基本动作构成。

图 7 - 1　功能性动作筛查基本测试动作

通过对受试者完成这 7 个人体运动的基本动作的质量进行评分，即可对受试者的肩关节、胸椎、髋关节、膝关节、踝等几大关节的灵活性、稳定性，躯干的稳定性及协调对称性等进行评估，找出受试者身体最薄弱的环节，识别出使受试者处于较高受伤风险的危险信号和代偿动作，并据此为受试者设计出个性化的动作矫正方案，在风险完全排除后再进行后续体能训练，可以为降低训练伤发生率，提高训练质量提供保障。经过近几年的实践检验，已证实功能性动作筛查确实能够在有效降低训练伤方面发挥重要作用。目前该筛查体系已经在竞技体育、军事体能训练等多个领域得到了非常广泛的应用。功能性动作筛查具有一套完整的评价方案和矫正方案，国内外均有相应的培训机构，经专业培训并在其网站上通过考试后即可获得资质证书。本书在此不作详细介绍，感兴趣者可自行搜索并进行学习。

三、常见体能训练伤的防伤训练

(一)膝关节防伤训练

1.离心式杠铃深蹲

【训练目的】提高腿部肌肉的离心收缩力量，提高腿部肌肉缓冲能力，可以在一定程度上降低人员从高处跳下时膝关节受伤的风险，同时提高大腿和臀部的绝对力量，发达股四头肌和腘绳肌，增强腰背及膝关节的稳定性和牢固度。

【训练动作详解】

①训练者直立，两脚分开，略宽于肩，脚趾略微向外，双手握紧杠铃杆（握距宽于肩宽），将杠铃置于斜方肌肌肉肥厚处，从深蹲架上取下杠铃并保持身体平衡；身体尽可能下蹲，大腿至少要与地面平行，控制好膝盖不要超过脚尖以保护膝关节；保持身体挺直或略往前倾，保持下背挺直；下蹲动作和中国传统武术中的马步动作类似，臀部尽量向后坐，如果放一把椅子在身后，保持坐下去把椅子撤掉后的那个姿势；下蹲时吸气，起身时呼气（图7-2）。

②整个训练，以下蹲过程为主导，而不是起身的动作。要求下蹲的过程尽量慢，时间要在3秒以上，而站起的动作要尽量快。

③助手站于深蹲者身后，用两只大臂从深蹲者的腋下向前穿过，肘部向上弯曲成小于90度的夹角，用双手可以触碰到深蹲者的双肩或胸前；当深蹲者蹲起时，搭档与其一同蹲起，并用大臂锁住深蹲者的躯干，使深蹲者躯干不至于发生前屈或后仰，同时助力使深蹲者蹲起杠铃；助手只在起身时助力训练者完成，在训练者下蹲过程中，助手不发力。

【组、次数安排】4至8组，每组6至10次。

【注意事项】在助手辅助离心式杠铃深蹲时，训练者可以蹲起2倍以上的体重负荷，训练时要小心受伤。

图7-2 离心式杠铃深蹲

2. 靠墙静蹲

【训练目的】靠墙静蹲是提高股四头肌肌力最基础的静力训练，适合各种人群；该动作属于静力训练，由于靠墙动作可以控制膝盖与脚尖的位置，所以可以人为控制下蹲时机体对髌软骨和髌韧带的压力，即可以使膝关节尽量远离脚尖，达到保护膝关节的目的；该动作是所有深蹲类动作中对膝关节压力最小的动作之一，所以可以作为膝关节受伤后的股四头肌维持训练以及伤病膝关节康复期的恢复性功能训练，也可以作为预防膝关节损伤的功能性训练。

【训练动作详解】背靠墙，双足分开，与肩同宽。双脚逐渐向前伸，使脚和身体重心之间形成一定的距离（40~50 cm）；此时身体已经呈现出下蹲的姿势，小腿与地面垂直，大腿和小腿之间的夹角近似90°；不要蹲得太深，以免增加髌软骨的压力；保持这个姿势不动，直到力竭；此时双臂可以自然下垂，也可以做前平举状（图7-3）。

【组、次数安排】一般每次蹲到无法坚持为一次力竭，一次至少要超过3 min，组间休息2 min，再进行下一次训练，训练日不超过8次静蹲训练。

图7-3 靠墙静蹲

（二）腰部防伤训练

1. 超人挺身

【训练目的】提高腰背部竖脊肌肌力，从后方强化腰椎，对于久坐引起的腰椎问题有预防作用，同时该训练能提高手脚交替发力的协调性。

【训练动作详解】俯卧于地面，双臂向前伸出，左臂和右腿尽量上抬感，直到腰背部有肌肉收缩感为止，肘关节和膝关节锁死始终没有转动；然后换右臂和左腿完成同样的动作，左右交替进行，就像超人在天空飞翔一样；在动作最高点可以做3 s顶峰收缩，加强腰部的静力平衡（图7-4）。

【组、次数安排】4至8组，每组30至50次（每侧各15至25次），组间间隔60~90 s。

【注意事项】腰部肌力有所提高后，可以手抓哑铃完成超人挺身动作。

图 7-4　超人挺身

2. 哑铃硬拉

【训练目的】强化腘绳肌、臀大肌、竖脊肌、背阔肌和斜方肌组成的人体整个后链肌群，强化腰椎的抗负荷能力及防伤能力。

【训练动作详解】脚趾朝前，两脚站距宽于臀部；下蹲，在训练者的双膝外侧位，双手各持一只哑铃；保持下背挺直或反弓，脚跟向地面发力；腿、臀、腰背依次连贯发力，拉起哑铃，同时臀部向前推，伸髋并直起腰身，直到哑铃拉至身体两侧，手臂自然向下伸直；抬头挺胸，背部向后发力，保持 1~2 s 的停顿，缓慢下蹲并放下哑铃，但哑铃不触地，接下一次动作；整个过程保持下背和腰部挺直（或向后反弓），不要向前弓腰；拉起哑铃时呼气，放下时吸气（图 7-5）；

【组、次数安排】4 至 8 组，每组 8 至 12 次，组间间隔 60~90 s。

【注意事项】哑铃重量的选择由轻到重循序渐进，至少达到 1 倍体重，达到 1 倍体重后，增加单组训练次数，单组 30 次，避免向前弓腰产生龟背动作，以免训练时伤到腰椎。

图 7-5　哑铃硬拉

（三）踝关节防伤训练

1.哑铃提踵

【训练目的】增强小腿三头肌对踝关节的控制力，从后侧加固膝关节，防止踝关节扭伤。

【训练动作详解】训练者左手单手持一只哑铃于体侧，左脚站在一个固定垫高物上（比如木板）；右手扶固定物保持身体平衡，抬起右脚并将右脚置于左腿后，使身体重量更多地压到左腿上；左脚慢慢踮起脚尖至极限，保持1~2 s，然后缓慢下放脚踵；重复规定次数后，换另一条腿；提踵时呼气，下放脚踵时吸气（图7-6）。

【组、次数安排】4至8组，每组24至40次（每条腿各12至20次），组间间隔60~90 s。

【注意事项】发力提踵时快速用力，到达顶峰时，保持1至2秒（或者轻微震颤），慢速下放脚踵至脚踵贴地。

图7-6　哑铃提踵

2.踝关节街舞式复合侧移

【训练目的】本训练把踝关节可能出现的各种内旋与外旋动作都进行了协调性训练，包括足背屈时的外旋和内旋，以及跖屈时的内旋与外旋，可以提高踝关节在内旋和外旋时的支撑能力，防止踝关节内旋或外旋时受伤；同时增强髋关节、膝关节和踝关节的综合协调性，起到预防踝关节旋转扭伤的作用。

【训练动作详解】以右方侧滑步为例，站距与肩同宽，由脚尖向前的直立开始，左脚脚尖为轴，左脚跟向右侧滑动，同时右脚以脚跟为轴，右脚尖向右侧滑动，结束动作为外八字站立；然后以左脚跟，右脚尖为轴，左脚尖与右脚跟向右滑动，形成一次内八字站位；以此类推，一次外八字接一次内八字，不停向右滑动，完成右侧滑步；完成右侧街舞式滑步后，完成向左滑步（图7-7）。

【组、次数安排】4至8组，每组滑步向左和向右各练10次。

【注意事项】注意协调性的培养，每一次动作，要感觉到踝关节有一定的拉伸感，训练动作要慢慢做，体会动态拉伸感。

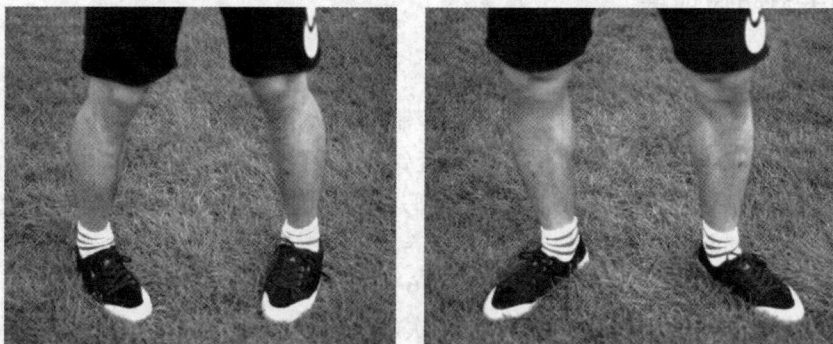

图 7-7 踝关节街舞式复合侧移

四、常见体能训练伤的急性期的处理

常见体能训练伤的正确处理方法可概括为"RICE"。

1. 正确处理步骤 1

R 代表 rest 的第一个字母，意思是受伤后要马上停止活动，休息，制动，目的是避免组织的进一步损伤或者使活动时已损伤的软骨、硬骨又损伤到其他部位。

习惯性错误：

人们平时扭伤脚踝或膝关节时，经常会自己活动，甚至去找人按摩，又揉又捏，觉得这样好得快，其实这样做会进一步扩大受伤面积。如果是韧带撕裂、断裂，或者骨折，自行活动关节或按摩很可能会在原有损伤的基础上造成新伤，比如开放性骨折会在运动和按摩中造成大量内出血，半月板撕裂时会使撕裂的半月板不光滑边沿磨伤其他软骨、硬骨骨膜、韧带和关节囊。

2. 正确处理步骤 2

I 表示 ice 的第一个字母，原意是冰，在这里指关节受伤后要马上冷敷和降温。

刚刚受伤时，应该马上冷敷，而且 48~72 h 之内都要冷敷，因为创伤的急性出血期是伤后的 48~72 h，冷敷的作用是收缩血管，尽可能减少更多的内出血。无论下一步是接受手术救治，还是进行保守治疗，伤后 48~72 h 内冷敷都会为进一步的治疗和康复打下良好的基础。同时，受伤后冷敷还有良好的镇痛效果，仔细观察 NBA 或欧洲足球联赛，会发现赛后很多队员都用冰袋冷敷关节或肌肉等易受伤的部位。但需要注意的是，如果关节损伤伴有皮肤肌肉出血，要马上进行止血处理，冷敷要避开出血位置。

受伤者要等到没有新的出血之后，才能考虑用热敷来促进循环。

在受伤后的两三天里也不要不停地冷敷或者尽量多地冷敷。生活中，我们都有用凉水洗手或者洗衣服的经历，当手刚开始接触凉水时，皮肤会冻得发白，但过了一段时间，又会发红，这在冬泳爱好者身上体现得更明显。出现这种现象的原因在于温度刚刚降低时，毛细血管反应性收缩，皮肤血液循环下降，此时皮肤颜色呈苍白色，但经过一段时间后，组织抗寒应激防御机制启动，为了避免皮肤局部组织因长时间受冷和缺血而坏死，机体会反射性扩张血管，增加局部组织的血流量。

同理，如果冷敷时间太久，反而会促进受伤部位的血液循环。所以比较理想的冷敷时间是每次冷敷 15～20 min，每冷敷一次间隔 1～2 h。疼痛感降低后，隔 2～3 h 冷敷一次。如果损伤很轻很小，冷敷时间和次数可以根据实际情况减少。

冷敷时，还要注意以下细节。

（1）冷敷温度

不要往冰袋里装入冰块就直接去冷敷。刚从冰箱里拿出的冰块，和冰箱冷冻室温度一致，有可能是 -5℃，也可能是 -15℃，如此低的温度会冻伤组织，只有加入适量水成为冰水混合物才能让温度适中。另外，冰块是固体，有棱角，和肢体的接触面不均匀，冰块表面贴附区域可能太凉，非紧贴区域又可能无法冷敷到，所以要加水让整个冰袋变成软的水囊，柔软均匀地接触到需要冷敷的区域。

最好的冷敷温度是 0℃。得到 0℃ 低温最简单的方法就是冰水混合物，一般冰水质量比例为 1:1，也可以水略多一些。

（2）专业冰袋与应急冰袋

冷敷时可以选用专业的运动医学冰袋。

若手头没有专用冰袋，可以用塑料袋应急代替。但要注意，要用白色或透明塑料袋，至少用两层，袋中装入冰水混合物后将袋口扎紧。要确定无漏水点后方可进行冷敷，否则漏水可能污染伤口，增加感染的风险。

（3）皮肤破损时的冷敷

皮肤有伤口时，一定要先垫上一层干净不透水且非保温隔热材料，不要让冰袋上凝结的水滴流入伤口，增加感染风险。

习惯性错误：

受伤后立即热敷，比如用热毛巾或热水袋热敷扭伤处。创伤后的急性出血期是在伤后的 48～72 h，热敷会促进血液循环，使受伤处的血管大量出血，加重内出血的症状，给后续的治疗带来困难。

但是也不是完全不能热敷，热敷的正确操作方法将在本节最后一段给出。

3. 正确处理步骤 3

C 是 compression 的首字母，指加压，加压包扎的意思。如果当时条件允许，可以使用弹力绷带对损伤局部加压包扎，不但可以固定局部，避免损伤加重，同时一定的压力可以避免过度出血、肿胀等情况。

但是，包扎并不是越紧越好，太紧会影响血液循环，造成肢体缺血，甚至会增加肢体因为缺血坏死的风险。包扎力度要适度，大致的松紧程度是可以在绷带里很容易地塞进一根手指（通常是示（食）指）。

习惯性错误：

第一，关节扭伤后强行让受伤关节运动，或让患肢强行走路，证明自己还能行，试图用这种蛮干的方式挣回面子。

第二，受伤后用过大力量进行包扎，使受伤处皮肤因缺血而发紫。

4.正确处理步骤4

E 是 elevation 的首字母，这里指抬高患肢，把受伤的肢体垫高，最好是高于心脏的位置。这样做有利于整个肢体血液和淋巴的回流。比如膝关节严重受伤，人无法走路，在担架和病床上时，要用被子或吊带抬高患肢，加速血液和淋巴回流心脏。如果受伤者并发头或脖子损伤，切不可把头抬高！因为如果并发颈椎骨折，在抬头的时候可能会挫伤脊髓，造成生命危险。

更重要的一点是，及时就医，只有专业的运动医学科医生才能决定你的伤情是适合手术治疗还是保守治疗。

5.关于热敷

急性损伤的前两三天要进行冷敷，如果损伤不严重，不需要特别处理，两三天过后可以开始热敷。冷敷抑制了出血和炎症，而已经有的出血和炎症要依靠热敷，促进组织的血液和淋巴循环，把致炎物质和淤血带走，同时把更多营养物质通过血液循环带到受伤组织。

热敷相对简单，直接用热水泡、用热水袋敷或者泡温泉都可以。关于热敷，重要问题是热敷温度和时间的控制。通常热敷的温度不要超过 50～60℃。温度太高会烫伤，"低温烫伤"常常被人们忽视。低温烫伤是热敷时间过长造成的。温度高的液休我们一碰就会觉得烫，不敢继续接触，但是四五十度的温度会觉得很舒适，可能一次敷几个小时之久，使热量在组织中产生积累效应，慢慢传导到组织深部，造成伤害更重的低温烫伤。所以热敷时间不要超过一个小时，这样既有热敷效果，又可以保证安全。

6.冷敷和热敷的综合小结

关节损伤发生时，要遵循"RICE"原则。在 2～3 天内冷敷，每次 15～20 min，1～3 h 冷敷一次。急性期过后，可以开始热敷，促进循环，温度为 50℃～60℃，时间控制在 30 min～1 h。

参考文献

［1］王瑞元, 苏全生. 运动生理学［M］. 北京：人民体育出版社, 2012.

［2］田麦久, 刘大庆. 运动训练学［M］. 北京：人民体育出版社, 2012.

［3］王雄. AP 模式解析及其借鉴意义［J］. 中国体育教练员, 2013, 21(1)：28 – 31.

［4］Kovacs M. Dynamic stretching：The revolutionary new warm – up method to improve power, performance and range of motion［M］. Ulysses Press, 2009.

［5］AP 官方网站. http：//www. coreperformancewellness. com.

［6］Boyle M. Advances in functional training：training techniques for coaches, personal trainers and athletes［M］. On Target Publications, 2012.

［7］Boyle M. Functional Training For Sports：superior conditioning for today's athlete/Michael Boyle［M］. Champaign：Human Kinetics, 2004.

［8］Plisk S. Functional Training［M］. NSCA Hot Topic Series.

［9］Verstegen M, Williams P. Core performance：the revolutionary workout program to transform your body and your life［M］. Rodale, 2005.

［10］Verstegen M, Williams P. Core Performance endurance：A new training and nutrition program that revolutionizes your workouts［M］. Rodale, 2008.

［11］Verstegen M, Williams P. Core performance essentials：the revolutionary nutrition and exercise plan adapted for everyday use［M］. Rodale, 2006.

［12］Verstegen M, Williams P. Core performance golf：The revolutionary training and nutrition program for success on and off the course［M］. Rodale, 2009.

［13］Hoffman J, Conditioning Association. NSCA's Guide to Program Design［M］. Human Kinetics, 2012.

［14］周爱国. 体能训练理论与方法［M］. 北京：北京体育大学出版社, 2016.

［15］Miller T. NSCA's Guide to Tests and Assessments［M］. Human Kinetics, 2012.

［16］Dixon M W. Myofascial Massage［M］. Lippincott Williams & Wilkins, 2007.

［17］Archer P A. Therapeutic massage in athletics［M］. Lippincott Williams & Wilkins, 2007.

［18］付小兵, 王正国, 吴祖泽. 再生医学：原理与实践［M］. 上海：上海科学技术出版社, 2008.

［19］黄志基, 李娜. 泡沫轴肌肉筋膜自我康复锻炼法［M］. 北京：北京体育大学出版社, 2011.

［20］原林. 筋膜学［M］. 北京：清华大学出版社, 2011.

［21］克里斯蒂安·博格. 精准拉伸［M］. 北京：人民邮电出版社, 2016.

［22］阿诺德·G. 尼尔森, 尤卡·科科宁. 拉伸运动系统训练［M］. 北京：人民邮电出版社, 2016.

［23］罗伯特·E. 麦卡蒂, 杰夫·沙兰德. 易化牵伸术, 简便易学的 PNF 牵伸及力量训练［M］. 北京：人民体育出版社, 2010.

［24］陈方灿. 运动拉伸实用手册［M］. 北京：北京体育大学出版社, 2008.